비즈니스 문해력을
키워드립니다

비즈니스 문해력을
키워드립니다

하이브리드 워크 시대,
당신에게 꼭 필요한 소통의 기술

장재웅·장효상 지음

미래의창

하이브리드 워크, 왜 문해력인가

코로나19가 일상에 영향을 미친 지 벌써 여러 해가 지났다. 수개월이면 끝날 것이라는 애초 예상과 다르게 바이러스는 다양하게 변이했고 끈질기게 인류를 괴롭히고 있다. 사람들은 달라진 일상에 적응하기 위해 삶의 방식을 바꾸며 버텼다. 필자가 생각하기에 가장 큰 변화는 '비대면의 일상화'가 아닐까 한다. 우리는 팬데믹을 겪으며 재택근무의 세계로 들어섰다. 체계화된 비대면 시스템이 없던 재택근무 초기에는 불만의 목소리를 높이기도 했지만 우리는 서서히 재택근무를 넘어 대면과 비대면을 오가는 하이브리드 워크에 적응하는 과정에 있다. 실제로 요즘은 사무실 출근보다 비대면 근무를 선호하는 사람이 더 많아졌다. 미국에서는 회사가 대면 근무로 전환하면 다른 일

자리를 알아보겠다는 직장인들의 비율이 높아지기도 했다. 매체들은 우리가 '대사직Great Resignation 시대'를 맞이하고 있다고 말했다.

경영자들은 고민될 것이다. 그들은 재택근무는 금방 지나가고 다시 예전처럼 대면 근무로 돌아갈 수밖에 없다고 생각했다. 팬데믹 초기만 해도 말이다. 경영자들은 사무실에 모여 얼굴을 맞대고 침을 튀겨가며 일하는 미래를 그렸다. 재택근무는 일시적이고 생산성도 떨어지며 직원들의 만족도 낮을 것이라고 믿었다. 결과는 달랐다. 직장인들은 재택근무를 할수록 그로 인해 누리는 편리함이 꽤 많다는 걸 알게 됐고 이제 이들은 회사에 근무 형태를 선택할 권리를 달라고 말하고 있다. 그리고 재택근무가 생산성 향상에 도움이 된다는 수많은 연구 자료들은 그들의 요구가 타당하다는 사실을 입증해준다. 이에 따라 경영자들은 새로운 근무 형태에 적응해야 할 것이다. 물론 사무실이 영원히 없어질 것이라는 이야기는 아니다. 사무실은 업무만을 위해 있는 공간이 아니며 당장 사람 간의 직접적인 접촉 없이 사회생활을 하는 일은 매우 비효율적이기 때문이다.

필자들은 기술이 아무리 발전해도 사무실은 유효할 것이라고 본다. 그러나 그 의미는 변할 것으로 생각한다. 코로나19 이전의 사무실은 회사원 개인이 업무를 완수하는 장소였으나, 앞으로의 사무실은 간편한 임무를 수행하거나 가끔 회의하는 부차적인 장소로 머무르게 된다. 그리고 우리는 재택과 사무실로 오가는 소위 하이브리드 사무실Hybrid Office에 익숙해지게 될 것이다. 기업은 사무실을 그대로 유지하면서 원격근무자들도 관리해야 한다는 새로운 과제를 떠안게 됐다. 회의 한 번도 쉽지 않아졌다. 어떤 사람은 회의실에 모여서, 또 다른 사람은 줌Zoom에 접속해서 회의에 참여한다. 각기 다른 장소에서 회의에 참여하면 생각지도 못한 문제들이 생긴다. 원격근무자의 컴퓨터가 갑자기 꺼질 수도 있고 마이크 불량으로 서로 의견을 공유하기 힘들지도 모른다.

하이브리드 워크는 100% 사무실 출근이나 100% 재택근무와 성격이 다르다. 이는 말 그대로 혼합형 근무제이기 때문에 실시간 동시 커뮤니케이션이 어렵다. 하이브리드 워크에서는 직원 A는 오전 10시에, 직원 B는 오후 3시에 출근하는 게 자연스럽다. 근무시간이 아닐 때, 누군가 협업용 메신저에 질문을 남겨도 직원은 바로 답해줄 의무가 없다. 바로 응답하지 않는 것도 이상하지 않은 일이다. 그리고 만나서 일하는 상황이 적어지니 구술Verbal 중심의 커뮤니케이션도 당연히 줄어든다. 다른 공간, 다른 시간대에서 일하는 직원에게 목소리로 내 말을 전달할 방법은 녹음밖에 없을 것이다. 하지만 녹음 파일은 번거롭다. 파일을 받은 직원은 녹음 내용을 하나하나 검토하는 엄청난 업무를 수행해야 할 것이다. 글 한 줄이면 설명될 일이 녹음으로는 10분 내내 말해도 어딘가 부족하다. 이 흐름이 일반화될수록 우리는 비동기 커뮤니케이션, 글로 하는 커뮤니케이션에 집중하게 된다.

하이브리드 워크에서의 문해력文解力은 필수적인 업무 능력이라는 말이 나온다. 여기서 문해력이란 단순히 글씨를 읽고 쓰는 것이 아닌 글을 읽고 이해해 내용을 잘 정리하는 능력을 뜻한다. 사실 문해력은 하이브리드 워크 시대 이전에도 일할 때 꼭 필요한 역량이었다. 비즈니스를 하다 보면 글을 마주할 일이 많다. 생각해보자. 평범한 직장인들은 하루에 수많은 시간을 이메일을 읽고 쓰는 데 할애한다. 회사에서 하는 많은 커뮤니케이션은 메신저를 통해 오고 간다. 그것이 공적 대화든 사적 대화든 말이다. 그리고 때에 따라 상사에게 보고를 위해 문서 작성을 해야 하는 일이 생긴다. 사내 기안서, 품의서 등등 모두 글로 써야 한다. 업무에 따라서는 잘 정리된 문서를 통해 회사의 투자자나 고객을 설득해야 할 때도 있다. 비즈니스 커뮤니케이션 가운데 문서로 오가는 내용이 70% 이상을 차지한다. 생각해보면 비즈니스는 원래 잘 쓰고 잘 읽는 일의 연속이다.

항상 중요했던 문해력이 지금 더 주목받는 이유는 무엇일까. 대면과 비대면을 오가는 하이브리드 워크 중에는 구술을 중심으로 하는 대면 커뮤니케이션에 제약이 생기기 때문이다. 가령 이런 것이다. 사무실 출근이 일반적이던 시절에는 문해력 역량이 떨어져도 업무에 큰 무리가 없었다. 모르면 직접 만나서 물어보거나 전화 통화를 하면 해결할 수 있었기 때문이다. 리더 역시 어설프게 지시 내용을 글로 정리해 부하 직원에게 쓸데없는 오해를 사기보다는 그들을 불러서 구두로 지시하고 그때그때 실시간으로 업무 진행 상황을 보고받는 것을 선호했다. 하지만 이제 이런 방식의 커뮤니케이션은 불가능하다. 더 많은 기업이 하이브리드 워크를 도입해갈수록 직원들은 더욱 글을 주고받는 커뮤니케이션에 익숙해져야 하는 것이다. 그럴수록 당연히 문해력의 가치는 올라간다.

그러나 이러한 흐름과는 별개로 '현대판 문맹'이라는 신조어가 있듯 글을 읽어도 의미를 파악하기 어려워하는 사람들이 늘어나고 있다. 최근 '심심한 사과'라는 표현이 온라인에서 화제가 된 적이 있다. 웹툰 작가 사인회가 예정됐던 서울의 한 카페 측이 사과문을 올리며 사용한 "심심한 사과 말씀드린다"라는 표현이 발단이었다. 일부 네티즌은 이 사과문을 놓고 "심심한 사과라니 난 하나도 안 심심하다", "제대로 된 사과도 아니고 무슨 심심한 사과?"라고 조롱했다. 카페 측이 올린 '심심하다'(甚深하다·마음의 표현 정도가 매우 깊고 간절하다)의 뜻을 '지루하다'는 동음이의어로 잘못 이해하면서 벌어진 일이었다. 대체 공휴일로 '사흘 연휴'가 생겼다는 보도에 "왜 3일 연휴인데 사(4)흘이라고 보도하냐"는 댓글이 다수 달리고 '사흘'이라는 단어가 포털 검색어 1위를 기록한 일도 있었다. 최근에는 수신, 발신, 참조 등의 기본적인 업무 용어를 모르는 신입사원들로 인해 기업들이 직원들의 글쓰기 교육에 비용을 지출하고 있다는 소식도 자주 들린다.

《네이키드 애자일》에서 필자들은 새로운 업무처리 방식의 필요성을 강조했고 해답을 애자일 조직문화에서 찾았다. 책이 출간되고 꾸준하게 업계 종사자들을 만나며 애자일 조직문화의 중요성을 설파하면서 느꼈다. 조직문화는 개인의 힘만으로 바꿀 수 없다. 조직 전체의 문화와 일하는 방식을 바꾸기 위해서는 리더들의 인식 변화가 필수적이다. 하지만 개인이 바꿀 수 있는 것도 있다. 개인의 일하는 방식, 그중에서도 커뮤니케이션이 그러하다.

《비즈니스 문해력을 키워드립니다》는 조금 더 실용적이고 개인차원에서 일하는 방식과 업무 스킬을 고민할 수 있는 방향으로 설계했다. 필자들은 하이브리드 워크 시대에 더 중요해진 문해력과 그 방법론에 대한 고민을 전달하고자 한다. 화상회의를 위해서 무엇을 준비할지, 메신저와 이메일은 어떻게 써야 커뮤니케이션에 오해가 없을지, 보고서는 어떤 형식으로 작성해야 할지 실제 업무에서 활용할 수 있는 내용도 실었다. 거기에 최근 관리직들의 고민으로 떠오르는 피드백 커뮤니케이션의 방법론도 덧붙였다.

책이 나오기까지 많은 조언과 가르침을 주신 분들께 감사의 말씀을 전한다. 달라진 경영 환경과 개개인의 일하는 방식이 바꿔 놓을 미래를 대비하는 데 자그마한 보탬이 될 수 있으면 한다.

2022.11

장재웅·장효상

차례

PART 1. 비즈니스 문해력이 필요한 시대

1장 ╳ 일하는 방식은 변한다

2장 ╳ 일에도 문자를 읽고 쓰는 능력이 필요하다

PART 1

비즈니스 문해력이
필요한 시대

1

일하는 방식은 변한다

지난 1년 동안 일하는 방식만큼 급격한 전환을 겪은 것은 없다.
직원들의 기대치가 변화하고 있고, 우리는 생산성을 더 폭넓게 정의할 필요가 있다.
마이크로소프트 CEO 사티아 나델라

코로나19 이전으로 돌아가보자. 경영자들은 재택근무는 일부 선진
기업들과 소수 노동자에게만 효과적인 시스템이라고 생각했다. 이전
부터 선도적으로 재택근무를 도입했던 IBM, 뱅크오브아메리카마저
도 잠시 재택근무 시스템을 철회했다. 사무실 출근이 효율적이라는
판단이었다. 하지만 바이러스는 판을 뒤집었다. 경영자들은 어쩔 수
없이 재택근무를 허용했다. 그렇게 시작된 초기의 재택근무는 쉽지
않았다. 준비되지 않은 재택근무, 즉 비대면에 대한 직원들의 불만의
목소리가 높았다. 반대로 관리직들은 갑자기 눈앞에서 사라진 직원
들이 일을 제대로 하는지 확인할 방법이 없어서 애를 태웠다.

가장 큰 문제는 일의 증명이었다. 직원들은 상사에게 자신이 일했

다는 것을 증명하기 애매해서 난감했다. 일부 기업은 이에 대한 해결책으로 직원들의 노트북 키보드 입력, 마우스 클릭 여부를 점검하는 시스템을 개발했다. 재택근무의 근태 관리나 집중도를 점검하기 위해서다. 이 시스템은 직원들이 일정 시간 동안 노트북 키보드나 마우스를 사용하지 않으면 일하지 않는 것으로 간주하고 해당 직원의 노트북을 잠궜다. 그 결과로 직원들은 거래처와 미팅할 때도 노트북을 켜 놓고 주기적으로 마우스나 키보드를 움직여야 했다. 우스운 상황이었다. 노트북으로 어떤 일을 하는지 모니터링하는 회사도 생겼다. 직원들은 "이럴 거면 그냥 출근시키지"라고 불만을 털어놓았다.

하지만 그들은 곧 재택근무를 원하게 됐다. 좋은 점도 많았기 때문이다. 사람들은 이제 비대면이 대면보다 더 편리하다고 한다. 오픈서베이의 〈직장생활 트렌드 리포트 2021〉에 따르면 현재 재택근무를 실시하는 기업 중 76%가 코로나19 이후에 재택근무 제도를 도입했다고 답했고 재택근무 경험자 10명 중 8명은 재택근무에 대해 만족한다고 응답했다. 재택근무 초기였던 2020년에 비해 2021년 만족도가 소폭 상승했다. 이제 회사도, 직원들도 재택근무에 익숙해진 것이다. 앞으로도 재택근무를 계속하고 싶다는 의향도 81%로 매우 높다. 직장인들은 재택근무를 하면서 의문을 품게 됐다.

"꼭 사무실이 있어야 할까?"

재택근무는 한국만의 트렌드가 아니다. 미국 노동통계국BLS이 실시한 코로나19 이전인 2017~2018년 조사에 따르면 일주일에 하루 이

◆ 향후 재택근무 제도 이용 의향

(단위: %)

범례
- 5점 매우 만족
- 4점 만족
- 3점 보통
- 2점 그저 그럼
- 1점 전혀 만족 하지 않음

재택근무 만족도 조사	2021 전체	성별		연령				직장 연차			
		남성	여성	20대	30대	40대	50대	3년차 미만	3~10 년차	10~20 년차	20년 이상
Mean	4.15점	4.13점	4.17점	4.35점	4.38점	3.94점	3.96점	4.31점	4.13점	4.11점	4.05점
Top2%	80.8	81.6	79.8	87.1	86.4	75	75.4	85.5	77.3	81.1	82.1
5점 매우 만족	42.6	41.1	44.4	53.2	56.1	36.8	26.1	49.1	44.3	41.9	30.8
4점 만족	38.1	40.4	35.5	33.9	30.3	38.2	49.3	36.4	33	39.2	51.3
3점 보통	13.6	12.8	14.5	9.7	9.1	14.7	20.3	10.9	16.5	12.2	12.8
2점 그저 그럼	3	2.1	4	1.6	4.5	2.9	2.9	3.6	4.1	1.4	2.6
1점 전혀 만족 하지 않음	2.6	3.5	1.6	1.6		1.4	1.4		2.1	5.4	2.6

* 초록색 글꼴: 평균 대비 +4%P 이상인 데이터

상 재택근무를 하는 직장인은 전체 8%에 그쳤고 상시 재택근무자는 2.5%에 불과했다. 하지만 코로나19 이후로는 달랐다. 2020년 5월 니콜라스 블룸Nicholas Bloom 미국 스탠퍼드대학교와 스티브 데이비스 시카고대학교 부스경영대학원 교수, 그리고 다른 연구진들이 저술한 보고서*를 살펴보면 코로나19 이전 5.3% 수준이었던 미국의 재택근무 비율이 지난해 5월 60%로 급증했고 현재 50%대를 유지 중이다. 보고서 조사는 소득 2만 달러 이상의 20~64세 정규직 2,500명을 대상으로 실시됐다. 이들 중 사무실 출근은 25%대에 불과했다. 재택근무의 선호도 상승세를 보인다. 2021년 3월 이동성 조사회사인 캡릴로Caprelo 는 원격근무 이후의 업무 환경에 대한 설문 결과를 공개했다. 설문은 직장인 1,100여 명을 대상으로 진행됐다. 미국 직장인의 65%는 임금이 줄어도 재택근무를 원한다고 답했다.

재택근무를 뜻하는 WFHWork from home를 넘어 WFAWork from anywhere라는 신조어까지 탄생했다. WFA는 장소의 제약이 있는 재택근무를 넘어 직원들이 어디에서나 일할 자유를 준다는 것을 뜻한다. 우리가 앞으로 다룰 하이브리드 근무, 워케이션 근무, 거점 오피스 근무가 WFA에 속한다.

---

*   Bloom·Nicholas, "How working from home works out. Institute for Economic Policy Research", Stanford Institute for Economic Policy Research, 2020.

사무실 복귀 vs 원격근무

앞으로 기업들은 어떤 방식으로 일하게 될까? 일부는 원격근무를 장기화하면서 아예 영구적으로 제도화하려는 움직임을 보인다. 대표적으로 트위터가 그렇다. 트위터는 2020년 5월에 "원한다면 영원히 집에서 일하셔도 됩니다"라며 영구 재택근무 도입을 선언했다. 메타로 이름을 바꾼 페이스북도 직원들에게 영구 재택근무를 선택할 자율성을 제공했다. 일본에서는 앞서 히타치와 후지쓰가 원격근무 영구화를 추진 중이고 야후 재팬도 직원들에게 거주지 제한을 없애기로 하며 사실상 영구 재택근무를 선언했다. 국내에서는 네이버 라인플러스가 영구 재택근무 도입을 선언했다. 현대모비스도 재택근무를 공식적으로 제도화하며 영구 원격근무의 가능성을 실험하고 있다. 부동산 서비스 업체 직방은 2021년 초부터 사무실을 아예 없애고 메타버스에 가상 사무실을 만들며 전면 원격근무를 도입했다. 이 밖에도 영국에 본사를 둔 다국적 회계감사법인 프라이스워터하우스쿠퍼스 PwC와 미국 온라인 증권 거래 플랫폼 로빈후드, 코인베이스, 쇼피파이도 원격근무 도입을 언급하기도 했다. '사무실 없는 미래'는 그리 먼 이야기가 아닐 듯하다.

이와 반대로 원격근무의 한계를 지적하고 사무실 복귀를 준비하는 기업들도 있다. 전통적으로 보수적이라고 평가를 받는 금융계나 제조업 기반 회사들은 바이러스가 잠잠해지고 원격근무를 끝낼 날을 고대하고 있다. 2021년 6월 글로벌 투자은행인 모건 스탠리의 CEO 제임스 고먼은 회사 콘퍼런스에서 직원들에게 이제 사무실로 돌아올

때라고 선언했다. 골드만삭스도 직원들에게 사무실 복귀를 명령했고 J.P.모건체이스앤드컴퍼니J.P. Morgan Chase & Co.도 사무실 출근을 다시 시작할 것이라고 했다. 델타 변이와 오미크론 변이가 발생하며 전 직원의 사무실 복귀 계획은 미뤄졌지만 말이다.

재택근무 무용론을 주장하는 기업인이 금융권에만 있는 것은 아니다. 자율과 책임의 문화로 유명한 넷플릭스의 리드 헤이스팅스 회장은 재택근무는 긍정적인 효과가 없으며 새로운 발상이 나오기 힘든 환경이라고 주장했다. 그는 코로나19가 잠잠해지는 대로 사무실 복귀를 추진할 뜻을 밝혔다. 테슬라와 스페이스X 창업자인 일론 머스크도 직원들에게 '주 40시간 이상 사무실 출근하라, 싫으면 퇴사하라'는 내용의 이메일을 보냈다.

뉴노멀을 대비해 사무실 확장에 나선 기업들도 있다. 구글과 애플이 대표적이다. 구글은 지난해 주 정부로부터 새너제이 메가캠퍼스 건설을 승인받았다. 그리고 향후 10년간 새너제이에 68만 ㎡ 크기의 사무공간과 4천여 개의 주택을 건설할 계획이라고 밝혔다. 애플도 지난해 5월 실리콘밸리 서니베일에 건물 6채를 추가로 매입했다. 애플의 건물 매입은 코로나19 이후 전통적인 사무실 출근을 위한 준비라는 해석이 있다. 애플은 한화 5조 원 이상을 투자해 '애플파크'를 짓고 있다. 애플의 목표는 자유로운 협업과 커뮤니케이션이다.

글로벌 기업 CEO들이 사무실 복귀를 원하는 이유는 무엇일까? 그들은 사무실에서 생활하면서 자연스럽게 발생하는 교육과 멘토링, 협업이 재택근무에서는 제대로 이뤄지지 않으며 직원들 간 대화가 단절

되면서 창의적인 아이디어가 창출되지 않는다고 한다. 옆 사람이 어떻게 일하는지를 모르니 직원들 간의 동기부여도 사라진다는 논리다. 펜실베이니아대학교 와튼스쿨 교수인 모리스 슈바이처^{Maurice Schweitzer}는 주위 사람들이 열심히 일하면 의욕을 느끼기가 더 쉽다고 언급했고 사무실이 없으면 그런 체계를 통째로 만들어야 한다고 했다.

하지만 직장인들은 재택근무의 달콤함을 맛봤다. 그들은 사무실 복귀에 반발한다. 미국에서 벌어지는 대퇴사 현상만 봐도 그렇다. 전문가들은 이 현상의 주요 원인으로 '사무실 복귀 거부'를 꼽는다. 직장인들은 재택근무로 일에 대한 가치관이 달라졌고 회사가 사무실 복귀를 추진하자 과감히 퇴사를 선택한다는 것이다. 2021년 5월, 미국 경제매체인 《블룸버그》도 성인 1천 명을 대상으로 설문조사를 실시했다. 응답자의 15%는 재택근무를 위해 25%의 급여 삭감을 감수할 수 있으며, 46%는 휴가의 4분의 1을, 15%는 모든 유급휴가를 포기할 수 있다고 답했다. 더 나아가 응답자의 39%는 고용주가 재택근무를 제공하지 않으면 퇴사를 고려할 것 같다고 했다.

이런 흐름 탓일까? 제임스 고먼은 앞서 선포한 말이 무색하게 2021년 말에 사무실 복귀 지시를 철회하고 2022년에도 재택근무를 유지하겠다고 선언했다. 코로나19 바이러스의 변이가 계속 나오는 한 사무실 복귀가 불가능할 것이라고 본 것이다. 심지어 그는 미국 경제 금융 전문 TV 채널 CNBC와의 인터뷰에서 오미크론 변이 이후 우리는 또 다른 변이인 세타와 엡실론을 보게 되고 결국 알파벳 글자를 모두 다 써버릴 것이라고 전망했다.

하이브리드 워크, 이전과 뭐가 다를까?

경영자들은 선택의 갈림길에 섰다. 직원들의 요구를 수용해 간헐적인 혹은 전면적인 재택근무를 도입할 것인가? 아니면 커뮤니케이션의 효율성과 협업의 증대를 위해 사무실 복귀를 명령할 것인가? 경영자들의 선택에 따라 직원들의 근무 형태가 달라질 것이다.

필자가 미래를 예측하자면, 아무리 대면 근무의 효율성을 신봉하는 경영자라도 직원들의 요구를 완전히 외면하기는 어려울 것 같다. 국내에서도 미국처럼 대퇴사 현상이 나타나지 않으리라는 보장이 없기 때문이다. 인재 쟁탈전이 치열한 소프트웨어 개발자와 같은 특수직종들은 더욱 그렇다. 이 흐름이라면 인재들은 재택근무를 시행하는 기업에서 일하고 싶어할 것이다. 긱 이코노미나 N잡러를 희망하는 사람들도, 실제로 그렇게 일하는 이들도 많아진 요즘이다. 인재를 영입하기 위해서라도 기업들은 유연한 근무를 추구하게 될 듯하다. 다만 정도의 차이가 있을 뿐이다.

하지만 경영진들은 은근히 사무실 복귀를 원하고 있다. 사무실 출근을 원하는 경영진과 재택근무를 고집하는 직원들의 치열한 대립은 필연적이다. 경영진은 대안이 필요했다. 그 시점에서 등장한 게 '하이브리드 워크'다. 원격/재택근무는 장소만 회사에서 집, 카페 등으로 옮기고 근무시간은 동일하게 유지하는 개념이다. 반대로 탄력근무는 사무실 출근이 원칙이지만 근무시간은 개인이 선택할 수 있다는 개념이다. 하이브리드 워크는 이 둘의 장점(장소와 시간의 자율성)을 합쳐서 직원들이 원하는 시간과 장소에서 일할 수 있도록 하는 근무제다.

하이브리드 워크는 코로나19의 적절한 대안이었다. 심지어 꽤 성공적이었다. 2020년 여론 조사 기관 갤럽에 따르면, 직장인들은 원격 근무라는 옵션을 가질 수 있을 때 업무에 몰입할 확률이 높아진다고 한다. 이 조사에는 흥미로운 사실이 있었다. 100%의 원격근무보다 하이브리드 워크를 실천했을 때 업무 효과가 더 좋았고 근무시간의 60~80%, 즉 주 3~4일 정도를 원격으로 일할 때 직원들의 몰입도가 최상이었다. 직원들은 사무실에 출근할지, 언제 퇴근할지 선택할 수 있었고 더 많은 시간을 개인 생활을 위해 효율적으로 사용해갔다. 워라밸이 지켜지면서 직무 만족도가 높아졌다. 기업은 출근시간과 근무지의 제약을 두지 않고 다른 지역이나 해외에 거주하는 인재풀에 더욱 광범위하게 접근할 수 있었다. 하이브리드 워크를 도입하면서 인재 채용이 수월해진 것이다.[*]

실리콘밸리의 빅테크 기업인 구글, 아마존, 메타는 2021년 말부터 하이브리드 워크를 위한 실험에 들어갔다. 구글은 전체 직원의 60%를 일주일에 몇 번은 회사로 출근하는 '6-2-2시스템'을 실시하기로 했다. 전체 직원의 60%는 사무실에서, 20%는 집에서, 나머지 20%는 다른 사무실에 분산 배치하는 식이었다. 구글의 직원들은 매니저 승인을 얻으면 1년에 최대 4주간 본사가 아닌 다른 장소에서 자율 근무를 할 수 있었다. 구글 CEO 순다르 피차이도 사내 이메일을 통해 이를 강조했다. 직원들은 사무실에서 3일을, 각자 원하는 곳에서 2일을 근

---

[*] Adam Hickman and Jennifer Robinson, "Is Working Remotely Effective? Gallup Research Says Yes," Gallup, 2020.

무하는 하이브리드 워크를 시작하게 될 것이라고 구체적으로 언급하면서 말이다. 또한 최근에는 1년 중 최대 4주 정도를 '워케이션'으로 활용할 수도 있다. 구글 직원이 제주도에서 '한 달 살기'를 하면서 일을 할 수 있다는 뜻이다. 애플과 아마존, IBM 등도 사무실 출근의 복귀를 저울질하고 있지만 기본적으로는 하이브리드 워크를 도입하겠다고 선언했다.

이에 대한 경영진과 구성원들의 속내는 어떨까? 2022년 1월, 미국 기업용 메신저 서비스 업체 슬랙 테크놀로지Slack Technology가 만든 컨소시엄 퓨처포럼은 미국, 호주, 프랑스, 영국 등에서 일하는 1만 737명을 대상으로 근무 형태에 관한 현황을 조사했다. 그에 따르면 매일 사무실로 출근하는 직장인은 30%에 불과했고 하이브리드 워크를 누리는 직장인은 58%에 달했다.* 구글 워크스페이스는 북미, 유럽 등에 있는 15개 이상 산업에 종사하는 직장인 1,244명을 대상으로 연구했는데, 75% 이상이 하이브리드 워크가 향후 3년 이내에 조직의 표준이 될 것으로 판단했다.** 미국의 시장조사 기관 가트너는 100% 사무실 출근을 추구하는 기업은 최대 39%의 인력을 잃을 수 있다고 경고했다.***

국내에서는 취업 플랫폼 잡코리아가 직장인 412명을 대상으로 희망하는 근무 형태를 조사했었다. 2021년 11월 진행된 그들의 조사 결과에 따르면 응답자의 73.3%가 새로운 근무 형태를 선호한다고 밝혔

---

* "Leveling the playing field in the new hybrid workplace", Future Forum team, 2022.
** "Insights from our global hybrid work survey", Google Workspace, 2021.
*** STAMFORD, Conn., "Gartner HR Research Shows Organizations Are Eroding Employee Performance and Well-Being with Virtualized Office-Centric Design", Gartner, 2021.

고, 가장 희망하는 근무 형태로는 68.5%가 '하이브리드 워크'를 꼽았다. 자료는 또 있다. 사회적 거리두기 단계가 낮아진 시기에 네이버가 본사 직원 4,795명을 대상으로 코로나19 이후 근무 제도에 대한 설문조사를 진행했다. 거기에서도 하이브리드 워크를 희망하는 직원은 52.2%였다. 주5일 재택근무를 택한 직원은 41.7%였고, 주5일 사무실 출근을 희망한 직원은 2.1%로 제일 저조했다. 가장 이상적인 근무 형태로 53.5%가 하이브리드 워크를 선택했다.

기업이 변화의 필요성을 느끼고 있는 건 사실이다. 하지만 이를 위한 역량은 대부분 갖추지 못했다. 맥킨지 조사 결과에 따르면 기업의 68%는 구체적인 계획이 없다고 답했다.

원격 3.0: 진정한 하이브리드 워크의 시작

하이브리드 워크를 효율적으로 운영하기 위해서는 원격근무에 대한 이해가 필요하다. 원격근무는 '원격 1.0', '원격 2.0', '원격 3.0'으로 발전해왔고 단계마다 고려할 사항이 달라진다.

원격 1.0는 구글독스 같은 문서 공유툴이나 슬랙 같은 협업용 메신저에 의존했다. 이미 지난 2010년대 초반부터 원격근무를 본격적으로 도입한 미국의 소프트웨어 기업 오토매틱Automatic이나 워크플로우 자동화 회사인 자피어Zapier 등의 초기 모델이기도 하다. 원격 1.0에서 협업이 필요할 땐 직장인들은 주로 화면을 공유하면서 공동 작업을 진행했다. 원격 2.0은 코로나19 이후 대다수 기업들이 도입한 방식이다. 100% 완벽하지는 않지만 이 방식으로는 실시간 협업이 가능하고 화상회의를 통해서 집이나 사무실이 아닌 공간에서도 미팅이나 회의를 할 수 있다. 원격 3.0은 하이브리드 워크에 가장 적합한 근무 형태로, 원격 2.0에 즉시 답장이 오지 않을 것이 전제된 상태에서 메시지를 주고받는 비동기 커뮤니케이션이 더해졌다고 생각하면 쉬울 것이다. 실시간 커뮤니케이션(동기 커뮤니케이션)의 반대말인 셈이다.

원격 3.0은 진정한 하이브리드 워크의 시작이자 발판으로 볼 수 있을 것이다. 하지만 잘 사용해야 한다. 원격 3.0을 제대로 활용하지 못한다면 사무실 출근자와 원격근무자 간의 정보 비대칭 문제가 생길 테니 말이다. 가령 사무실 출근자들은 사내 정보를 쉽게 얻으며 핵심 업무를 담당하게 되지만 원격근무자들은 업무나 사내 관계에서 소외되면서 좋지 않은 업무 평가를 받을 수 있다. 이런 상황은 그리 어렵지 않게 예상할 수 있다. 이 경우 결과적으로 그룹 전체의 성과도 기대하기 힘들 것이다.

그렇다면 원격 3.0에서는 어떻게 커뮤니케이션해야 할까? 필자는 메신저, 이메일, 게시판 등으로 진행되는 비동기 커뮤니케이션과 대면 회의, 전화처럼 실시간으로 운영되는 동기 커뮤니케이션을 적절히 활용하길 권유한다. 기업들이 실행하고 있는 원격근무는 미숙한 부분이 많다. 외국어 학습자와 원어민을 연결하는 서비스인 탄뎀Tandem의 공동 창업자 라지브 아얀가르Rajiv Ayangar는 현재의 원격근무를 원격 2.0 수준이라고 평했다. 줌과 같은 실시간 협업툴을 폭넓게 활용하면서 비대면 일처리에 익숙해진 정도라는 뜻이다.

전 세계적으로 하이브리드 워크를 도입한 회사들이 빠르게 늘어 나고 있다. 화상회의에 대한 피로와 고립감, 신입사원 교육 등은 이미 표면화된 문제다. 새로운 시스템에 적응하는 과정은 이처럼 고단하 고 우리는 갈 길이 멀다.

일에도 문자를 읽고 쓰는 능력이 필요하다

장

사무실로 출근하는 시대는 한물갔다.
경영학자 피터 F. 드러커

원격근무를 장기화하면서 관리직들은 고민이 많아졌다. 부하 직원들이 원격근무 중에 과연 일은 제대로 하는지, 얼마나 진행되고 있는지를 파악하기 힘들어졌기 때문이다. 사람은 원래 그런 것 같다. 불확실한 상황에 부닥치면 리스크를 줄이기 위해 노력한다. 관리자들의 관점에서 갑작스럽게 시행된 원격근무는 위기로 다가왔을 것이다. 많은 관리자는 원격근무를 시작하고 그에 동반되는 리스크를 줄이기 위해 평소보다 더 활발한 커뮤니케이션에 집착해갔다. 다음 기사는 이런 경향을 잘 보여준다.

서울 여의도의 대형 증권사에 근무하는 정 모 과장은 재택근무 이후 매일 아침 카카오톡 단톡방(단체대화방)에 군대 점호처럼 '안녕하십니까. 출근했습니다!' 라고 인사를 남긴다. 출근 상황을 점검하기 위해서다. 팀장이 정한 지침이었다. 없던 일일 보고도 생겼다. 오전엔 그날 할 일을, 오후엔 업무 진척 상황을 일일 보고 형태로 남겨야 한다. 팀장은 '반드시 내 말을 (단톡방에서) 봤다는 답을 남기라'고 했고 이에 따라 열댓 명의 팀원은 말 한마디마다 줄줄이 '넵'을 올렸다. 팀장은 단톡방에 수시로 궁금한 내용을 남겼다. 가끔은 문답이 길어지면서 대화창에 잠시 눈을 떼면 대화를 따라가기 버거울 정도가 되기도 했다. 정 과장은 "팀장이 직원들이 눈에 보이지 않으니 확실히 불안해하는 것 같다. 혹시라도 일이 잘못되면 관리책임이니 이해는 한다"면서도 "하지만 커뮤니케이션에 들어가는 시간과 에너지가 너무 커서 업무 자체에 집중할 수가 없다"고 어려움을 호소했다.[*]

혼한 일이고 서로 스트레스인 일이다. 관리직들이 원격근무가 직원 관리에 취약한 제도라고 생각하는 건 당연하다. 눈에 보이지 않는 만큼 누락되는 정보도 많다. 반대도 마찬가지다. 원격근무자들은 사무실에서 일할 때보다 더한 커뮤니케이션에 스트레스를 호소한다. 일과 삶의 경계가 흐려졌고 과로에 시달린다고 말이다.

우리는 하이브리드 워크가 익숙해지고 있고 그게 표준이 될 가능성이 높은 시대에 살고 있다. 그러므로 지금 방식으로 일하는 건 누가

---

[*] "[기업딥톡] 하루에 '넵'만 수십번…안달난 팀장, 지옥으로 변한 재택근무", 《중앙일보》, 2020. 03. 09.

봐도 비효율적이다. 실시간 커뮤니케이션이 기본이 되면 관리직과 직원들은 서로의 피드백에 응답하느라 근무시간을 다 쓰는 상황을 겪을 것이다. 잔업은 일상이 될지도 모른다. 모두를 위해서 이는 좋은 방향이 아니다. 우리는 하이브리드 워크 시대를 살아가기 위해서 그에 맞는 커뮤니케이션을 찾아야 한다. 그런데 그게 무엇이고 어떻게 해야 할까? 필자는 문해력에서 그 실마리를 찾을 수 있다고 본다.

비동기 커뮤니케이션이 중요해졌다

"장 대리님, 잠깐 볼까요?" 사회생활 초창기, 필자가 가장 싫어했던 순간을 꼽자면 바로 팀장이나 선배가 잠깐 와보라며 부를 때였다. 호출의 이유는 크게 2가지였다. 시킬 일이 있거나 지적할 것이 있을 경우다. 어느 쪽이든 유쾌하지 않았고, 집중에 방해가 됐다. 한창 집중해서 일할 때 상사가 부르면 업무 흐름이 끊겼고 다시 업무 모드가 되기 힘들었다. 또한 높은 확률로 지금 하는 일보다 먼저 할 일이 새롭게 추가될 가능성도 컸다. 뭐, 그래도 별수 있나. 그럴 때면 필자는 일단 수첩을 들고 쪼르르 달려가 고개를 조아리며 지시하신 내용을 받아 적고 자리로 돌아와 시킨 일을 했다. 자연스럽게 업무 계획은 무의미해졌다.

반대도 있었다. 한 선배는 업무 지시를 무조건 이메일로 했다. 바로 옆에 앉아 있어도, 아주 간단한 지시라도 그랬다. 당시 선배와 필자는 사적인 대화도 편하게 하는 사이였다. 당시 사회생활 경험이 적었던 필자는 선배가 왜 그렇게 하는지 이해할 수 없었다. 그래서 회식 자리에서 넌지시 그 이유를 물었다. 선배는 이렇게 답했다.

"일단 가장 중요한 이유는 증거를 남기는 거죠. 그다음은 상대방도 다른 일에 집중하고 있을 수 있는데 그 흐름을 방해하고 싶지 않다는 이유가 있어요. 일단 이메일은 보내면 받는 상대는 확인할 수 있을 때 보고 회신해 줄 테니까요."

우리에게 익숙한 상사는 사실 전자다. 지금까지 상사들은 언제든 필요하면 부하 직원들을 호출했다. 자리에 없으면 전화해서라도 바로바로 연락했다. 이런 방식의 커뮤니케이션이 '동기 커뮤니케이션 Synchronous Communication' 혹은 '실시간 커뮤니케이션'이라고 한다. 실시간 커뮤니케이션으로 업무가 진행되면 일잘러(일 잘하는 사람)의 주요 요건은 빠른 응답이 된다. 바로 반응하고 빠른 일처리를 하는 사람들, 질문에 바로바로 답을 내놓을 수 있는 사람들, 눈앞의 일들을 보이게 처리하는 사람들. 바로 그런 사람들이 조직 내에서 인정받았다.

코로나19는 상황을 바꿨다. 이제 동기 커뮤니케이션보다 비대면 커뮤니케이션이 더 중요해졌다. 선배나 상사들도 더 이상 원할 때 언제든 부하 직원에게 "잠시 이리 와보세요"라고 부를 수 없다. 이메일, 협업용 메신저, 화상회의 등이 대표적인 원격근무 채널로 사용되고 있다. 하이브리드 워크를 제대로 맞이하려면 '비동기'라는 단어를 이해해야 한다. 비대면이 공간적 개념이라면 비동기는 시간적 개념이다. 다른 공간에서 원격으로 대화하는 것을 비대면 커뮤니케이션이라고 한다면 실시간이 아닌 시차를 두고 다른 시간대에 말하는 것을 비동기 커뮤니케이션이라고 한다. 동기 커뮤니케이션 채널로는 전화, 화상회의 툴, 채팅 기능이 강한 개인용 메신저 정도라고 한다면 비동기 커뮤니케이션 채널은 이메일, 문자메시지, 온라인 게시판 그리고 최근 사용이 늘고 있는 업무용 협업툴이 있다. 업무용 협업툴은 코로나19 이후에 기업 대다수가 도입해 사용하고 있을 것이다. 대표적인 업무용 협업툴인 슬랙은 메신저 중심의 협업툴이고 기본적인 커뮤니케이션이 문자, 즉 글쓰기 중심으로 이뤄진다. 코로나19 이후로 빠르게 성장한 노션, 콜라비 류의 문서 기반 협업툴은 커뮤니케이션, To-Do 리스트, 파일, 일정 등 워크플로에서 발생한 모든 업무를 한 페이지에 담아 가시성을 확보해냈다.

앞선 예시처럼 하이브리드 워크 중에는 직원들의 근태를 알기 힘들다. 얼굴을 마주할 수 없는 상황에서는 서로의 유대감을 느끼기 어렵고 불필요한 감시와 통제가 생긴다. 자연스럽게 조직 내 비효율이 발생한다. 기업이라고 불필요한 분란과 업무 집중도 저하로 이어질 수 있는 이런 상황이 좋을 리 없었다. 기업들도 이런 상황을 타파하기 위해 신뢰 구축에 힘썼지만 이 또한 수월하지는 않았다. 많은 기업의 관리자급 리더들은 실시간 커뮤니케이션을 확대하면 신뢰를 구축할 수 있다고 생각했다. 활발한 커뮤니케이션은 다른 공간에 있다는 거리감을 좁히면서 상호 신뢰를 형성할 수 있다는 논리였다. 많은 관리자가 실무자들의 근태를 실시간 커뮤니케이션을 기준으로 점검하는 것에는 이런 맥락이 있지 않을까 한다. 결론적으로는 서로 불편했지만 말이다.

실시간 커뮤니케이션의 빈도가 늘어날수록 직원들은 답변에 대한 강박이 생기고 업무에 몰입할 여력이 줄어든다. 시도 때도 없는 메신저 알림은 컨텍스트 스위칭Context-Switching을 일으키게 된다. 컨텍스트 스위칭은 《딥 워크Deep Work》로 유명한 미국 조지타운대학교 컴퓨터공학과 부교수 칼 뉴포트가 제시한 개념으로, 이메일이나 메신저에서 발생하는 알림으로 인해 이 업무에서 저 업무, 이 채널에서 저 채널로 잦은 전환이 이뤄지면서 집중력이 분산되고 일에 몰입하지 못하는 것을 말한다. 칼 뉴포트 교수는 이에 대해 조직과 개인의 생산성 향상을 위해 필히 지양해야 하는 업무 형태라고 덧붙였다.

비대면 환경에서는 실시간 커뮤니케이션보다 비동기 커뮤니케이션이 더 중요하다. 우리는 비동기 커뮤니케이션을 통해 일하는 환경

◆ 환경과 업무 형태의 변화

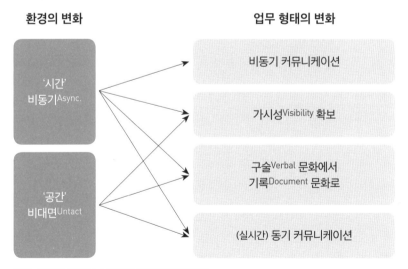

출처: 기업용 협업툴 스타트업 '콜라비' 홈페이지

의 차이를 수용하면서 효율적으로 일할 수 있다. 하이브리드 워크가 대중화되면 직원들은 다른 공간에서 다른 시간대에 일해야 한다. 실시간 커뮤니케이션은 큰 민폐가 될지도 모른다. 최근 기업들이 비동기 커뮤니케이션 활성화를 위해 회사 내부의 커뮤니케이션 룰을 정하고 비동기 커뮤니케이션 교육을 강화하는 이유도 이러한 맥락일 것이다. 그리고 비동기 커뮤니케이션의 기본은 잘 읽고 잘 쓰기, 즉 문해력이다.

문해력이 있어야 '진짜 일'에 몰입할 수 있다

사실 비동기 커뮤니케이션은 우리가 일할 때 당연히 가져야 했을 자세다. 그동안 우리는 너무나도 즉각적인 커뮤니케이션에 집착하면서 '가짜 일Fake work'에 시간을 허비하곤 했다. 끊임없이 울리는 메신저와 알림, 참석 이유를 알 수 없는 회의, 틈만 나면 진행 상황을 물어보는 상사, 그리고 지속해서 처리해야 하는 잡무. 그런 게 대표적인 가짜 일이다.

실시간 커뮤니케이션을 유도하는 각종 알림은 은연중에 당신을 압박한다. 당신은 빨리 많은 업무를 동시에 처리할 것을 강요당하는 느낌을 버리기 힘들 것이다. 프레젠테이션을 만들다가 방금 온 이메일을 확인하고 답신을 보내고 또다시 울리는 메신저에 답하고…. 여러 가지 일을 동시다발적으로 하면 실수를 하기 마련이다. 기존 업무에서 다른 업무로 전환하는 행동은 집중을 방해하고 일의 초점을 흐린다. 당연한 일이다. 우리는 다른 일을 하다가 기존 업무로 돌아오기 위해 소중한 인지 자원^{Cognitive resources}을 소비한다. 캘리포니아대학교 어바인캠퍼스^{University of California-Irvine} 연구 팀은 방해 요소에서 벗어나 원래 하던 작업으로 집중을 전환하기 위해서는 평균적으로 20분이 걸린다고 했다. 사람은 동시에 여러 가지 일을 하는 것에 능숙하지 않다. 이런 방식은 사람을 소모적으로 만들고 그의 능동성을 뺏는다. 정신과 의사이자 킹스컬리지 런던대학교^{King's College London University} 교수인 글렌 윌슨^{Glenn Wilson}은 업무 도중 이메일이나 문자 메시지 등을 주고받으며 멀티태스킹을 하는 사람들은 IQ가 평균 10 정도 감소한다는 것을 발견했다. 윌슨 교수는 집착적으로 메시지를 확인하는 일은 사람의 예리함을 감소시키고 업무를 수행하는 일에 불필요하다고 했다. 그가 보기엔 멀티태스킹은 밤새 잠을 못 자는 것과 같을지도 모르겠다.

좀 더 구체적인 상황을 생각해보자. 언제든 커뮤니케이션을 할 수 있다면 어떨까? 불필요한 회의도 많아질 것이다. 직원들은 조금만 이슈가 생기면 상대방과 만나서 대화하고 아이디어를 도출하는 방식을 선호하게 된다. 이 과정에 깊은 고민이나 분석은 없다. 이렇게 진행된 회의는 단순한 말 잔치에 그친다. 당장 실시간 커뮤니케이션이 편하다고 이에 익숙해지면 직원들의 피로만 쌓이게 될 것이다. 24시간 근무하는 걸 좋아할 직원은 없다. 그 이유가 회의라면 더더욱 그렇다. 그리고 불필요한 회의는 일이라고 보기 어렵다. 성과가 없는 회의는 그저 일하는 흉내를 내는 것에 가깝다. 커뮤니케이션에서 중요한 것은 회의보다 그 전후에 진행되는 팔로우업이다. 사전에 회의 목적을 명확히 하고 안건을 충분히 이해하고, 회의록을 정리해 가시성을 확보하는 작업이 수반되고, 그런 노력이 있다면 회의는 훨씬 순조롭고 유용해질 것이다.

원래 복잡한 문제를 해결하려면 시간이 필요하다. 비동기 커뮤니케이션 중에 생긴 문제도 그렇다. 문제에 대해 깊이 생각하고 자료를 살피며 생각을 체계적으로 정리하고 전체 그림을 그리는 과정이 필요하다. 제대로 된 비동기 커뮤니케이션이 사내에서 활성화되면 진짜 일에 집중할 여지가 생긴다. 생산성에도 유의미한 영향을 미칠 것이다. 직원들은 스스로 근무시간을 관리하게 된다. 직무의 자율성은 업무 만족도와 내재적 동기부여에 긍정적인 영향을 미친다.

하지만 비동기 커뮤니케이션의 장점을 취하려면 스킬이 필요한데, 그게 바로 문해력이다. 우리는 실시간 대화의 공백을 협업용 메신저나 이메일과 같은 커뮤니케이션 채널로 채우고 있는데, 이때 상대방의 메시지를 제대로 읽고 답해야 한다. 이메일이나 협업용 메신저는 비동기 커뮤니케이션을 전제로 하는 채널이다. 이메일이나 메시지를 보낼 때 우리는 오래 생각해야 하고 전달하는 내용을 정확히 담아서 한 번에 전할 수 있어야 한다.

그렇지 않으면? 상사에게 같은 주제로 여러 번 이메일을 보내야 할 것이다. 그런 불상사는 없는 편이 좋다. 아무리 너그러운 상사라도 당신을 포용하기 힘들테니 말이다. 잘 정리된 내용이 담긴 이메일 하나로 커뮤니케이션은 끝낼 수 있어야 하고 상사의 이메일을 읽고 제대로 이해할 수 있어야 한다. 이 전제가 가능하다면 조직 내 불필요한 메시지가 줄고 커뮤니케이션의 질이 높아지며 마지막으로 불필요한 오해가 없어질 것이다. 비즈니스에서도 문해력을 갖춰야 진짜 일에 몰입할 시간이 생긴다.

글로 소통하려면 개인과 조직이 함께 변해야 한다

조직의 관습을 바꾸는 일은 어렵다. 관리자들도 이를 제안하기 쉽지 않다. 그만큼 오랫동안 유지해온 체계를 바꾸려면 큰 결단이 필요하다. 기업과 구성원들의 노력이 없다면 시스템을 도입하고 유지하긴 힘들 것이다. 필자들은 비즈니스 상황에서 글로 커뮤니케이션하려면 어떤 노력이 필요한 지에 관해 이야기하고자 한다.

개인차원

의문이 들 수도 있다. 시스템을 바꾸는 거대한 일에 작은 구성원에 불과한 직원인 내가 할 수 있는 일이 있을까? 하지만 시스템의 실제 사용자인 직원은 매우 중요하다. 직원들이 시스템을 제대로 활용하지 않으면 불필요한 관례가 되고 만다. 직원은 회사의 일부이자 전부다. 원활한 커뮤니케이션을 위해 다음 내용들을 실천해보자.

① 집중 근무시간을 설정하라

하이브리드 워크에서는 실무자들의 근무시간이 각기 다르다. 당신이 하이브리드 워크 중이라면 적정한 집중 근무시간을 설정할 수 있을 것이다. 처음에는 1시간, 익숙해지면 2시간으로 집중 근무시간을 늘리자. 그 외 시간에는 실무자들과 커뮤니케이션하는 시간을 갖자. 당신을 지배했던 상시 접속과 즉시 응답의 강박에서 서서히 벗어날 수 있을 것이다.

② 시차를 고려한 업무 스케줄링을 짜라

"잠깐 모여서 회의하시죠" 사무실 출근 중에는 흔하게 할 수 있는 말이다. 당신이 협조를 구하면 사람들은 하던 일을 멈추고 회의실로 모인다. 하지만 하이브리드 워크에서는 이런 상황이 불편해진다. 예를 들어, 당신이 다른 직장 동료에게 업무 협조를 요청했다. 상대는 다른 중요 업무를 처리하고 있거나 지금은 업무 중이 아닐 수도 있다. 그가 이 중 하나라도 해당된다면 당신의 업무는 바로 처리되기 힘들 확률이 높다. 그렇다고 당신이 상대 직원에게 아무 때나 전화해서 "지금 당장 화상회의를 합시다, 줌에 접속해주세요"라고 하기도 애매하다. 하이브리드 워크를 실천하는 기업들은 대부분 다국적으로 인재를 영입하려고 하므로 당신의 동료들은 각기 다른 국가에서 다른 시간대에서 일하고 있을 수도 있다. 내가 한창 일하는 시간이 상대방의 취침 시간이라면 별도로 알림을 보내거나 전화하는 행위 자체가 실례다. 당신은 커뮤니케이션의 시차를 고려하고 일정을 짜는 일에 익숙해져야 한다.

③ 원하는 바를 구체적으로 써라

하이브리드 워크에서의 비동기 커뮤니케이션은 대기시간을 수반한다. 상대 직원에게 메시지를 전달해도 그가 언제 이를 보고 답할지 모른다. 대기시간을 줄이는 가장 좋은 방법은 무엇일까? 답은 의외로 간단하다. 메시지를 여러 번 주고받을 필요가 없도록 한 번에 구체적으로 적으면 된다. 이 맥락에서 필자는 비동기 커뮤니케이션 채널인 메신저에서 '안녕하세요'와 같은 말로 대화를 시작하는 것은 지양하는 편이 좋다고 본다. '안녕하세요'라는 메시지에는 '안녕하세요'라고 답하는 게 당연하다. 만약 상대가 내 메시지를 다음 날 확인한다면 어떠하겠는가? 당신은 용건을 꺼내지 못한 채 상대의 '안녕하세요'만 마주하게 된다. 시간만 허비한 것이다. 비동기 커뮤니케이션이 익숙한 회사에서는 '안녕하세요'라고 대화를 시작하지 않는다. 대신 간단한 인사말과 함께 바로 용건을 메시지창에 남겨둔다. 그게 정석이다. 상대방의 답변을 미리 생각해보고 그에 관한 질문을 함께 덧붙이는 일머리도 있으면 좋을 것이다.

④ 글이 기본값인 커뮤니케이션을 이해하라

하이브리드 워크 중에는 말로 오가는 업무 처리는 거의 불가능하다. 다른 시간대에 다른 공간에 있는 직원에게 음성으로 메시지를 전달하려면 녹음밖에 방법이 없다. 녹음은 언뜻 간편해보이기도 하다. 하지만 과정이 길다. 녹음을 듣고 녹취를 풀고 다시 정리하고… 그럴 바엔 차라리 문서가 간결할 것이다. 이메일이나 협업용 메신저를 통해 구체적으로 업무 지시나 협조를 구하는 편이 효율적이다. 최근 인기를 끄는 슬랙 같은 협업용 메신저는 실시간 채팅 기능 외에도 이메일처럼 주제별로 스레드Thread를 쌓아가는 방식의 커뮤니케이션이 가능하다. 주제별로 댓글, 피드백을 쌓고 히스토리와 업무 맥락을 정리하면 다른 시간대의 팀원은 본인의 근무시간에 들어와 정리된 내용을 읽어가면서 업무 맥락을 파악할 것이다. 협업용 메신저를 이용하면 맥락 없이 주고받은 메신저 대화의 단점을 보완하고 업무 내용을 빠르게 인지할 수 있다. 우리들은 이제 글을 주고받는 커뮤니케이션에 익숙해져야 한다.

지금까지 하이브리드 워크를 위해 개인이 실천해야 할 것들을 알아봤다. 하지만 직원 개인이 각자 노력해서 조직 전체의 의미 있는 개선을 이뤄내는 건 한계가 있다. 회사가 나서서 내부의 커뮤니케이션 규칙을 정하고 교육을 진행하지 않으면 전체적인 틀은 변하지 않는다.

조직차원

조직의 의무를 살펴보려고 한다. 동아비즈니스리뷰DBR에 실린 미국의 소프트웨어기업 오토매틱 사례를 참고해보자.* 오토매틱은 코로나19 이전부터 100% 원격근무를 진행했다. 각기 다른 국적의 다른

---

* 김태곤, '8시간 자리만 지키면 무슨 소용? 리모트워크 핵심은 효율적 업무 진행', 《동아비즈니스리뷰》 2019년 268호.

시간대에 사는 직원이 많은 오토매틱에게 비동기 커뮤니케이션은 필연적인 결과일지도 모르겠다. 오토매틱은 사내 공식매뉴얼을 통해 직원들을 교육한다. 그들의 사내 공식매뉴얼에는 뉘앙스 조절, 피드백 주고받기, 글쓰기 등과 관련된 내용들이 꼼꼼하게 적혔다. 직원을 대상으로 하는 주기적인 사내 커뮤니케이션 교육도 함께 진행한다. 원격근무를 수월하게 하기 위함이다. 오토매틱의 커뮤니케이션 원칙은 다음과 같다.

- 주기성: 너무 잦을 필요는 없다. 하지만 충분한 빈도(작업당 최소 1일 1회)로 커뮤니케이션하도록 한다. 시간이 오래 걸리는 작업이라면 '거래처로부터 응답을 기다리고 있음'과 같이 진행되지 못하는 구체적인 이유를 서술한다.
- 응답성: 누군가 진행 중인 작업에 관해 물었거나 다른 이유로 문서나 채팅 등에서 본인을 언급했다면 '잘 모르겠다'는 말이라도 하는 편이 좋다. 확인했음을 알려줘야 한다. 응답은 업무일 기준 24시간 이내로 하길 권장한다.
- 투명성: 사내에서 일어나는 모든 커뮤니케이션은 공개가 원칙이다. 잡담, 면담 또는 사적인 부탁을 비공개 채널로 요청하는 건 문제없다. 하지만 회사와 연관된 의견이나 결론이 도출됐다면 내용을 정리해 공개한다.

2014년 창업한 미국 소프트웨어 기업 깃랩GitLab도 참고할 만한 사레다. 깃랩의 직원 수는 250명에 이르지만 직원들은 39개국에 흩어져 일한다. 당연히 시차가 다 제각각이다. 깃랩은 사무실이 마땅히 없다. 샌프란시스코에 작은 사무실이 있지만 이곳으로 출근하는 사람은 단 한 사람, 깃랩의 공동 창업자인 시드 시브랜디^{Sid Sijbrandij} 뿐이다. 사무실의 유무와 상관없이 깃랩은 꾸준히 성장했다. 나사, 마이크로소프트, 알리바바와 같은 굵직한 브랜드를 포함한 10만 개 이상 기업이 이들의 소프트웨어를 사용하고 있다. 창업 3년 만에 일궈낸 성과다. 깃랩은 공식적으로 4,550만 달러(약 520억 원)를 투자받았다. 그들은 성장의 비결이 '깃랩 핸드북'에 있다고 말한다. 1천 페이지가 넘는 핸드북에는 회사 철학, 감사 인사법, 메신저 사용법, 이메일 작성법, 화상회의 하는 법 등 업무에 필요한 내용이 세세하게 적혀 있다. 응급 상황을 함께 타파할 동료가 없어도 직원들은 핸드북으로 업무를 파악할 수 있다. 비동기 커뮤니케이션을 향한 깃랩의 노력은 공식매뉴얼에 잘 녹아 있는 셈이다.

깃랩 핸드북 요약 발췌

1. 깃랩의 직원은 서로 다른 시간대에 근무하고 있다. 회사에서 하는 모든 비동기 커뮤니케이션 중에 '오늘 아침', '오늘 밤'과 같은 상투적인 표현은 쓰지 않는다.
2. 채팅은 상대에게 방해가 될 수 있다. 가능한 이메일을 이용하고, 이메일 사용 시에는 시간 절약을 위해 인사는 생략한다.
3. 이메일 제목은 내용의 첫 문장을 복사해 붙여 넣는다.

4. 3번 이상 이메일, 채팅을 주고받았는데도 문제가 해결되지 않으면 화상통화가 필요하다. 용건 있는 사람이 먼저 'Call?'이라고 묻고 요청받은 사람은 대답을 대신해 전화를 건다.

5. 누군가에게 도움을 받았다면 감사 채팅방에서 인사를 전한다. 감사의 말을 할 때는 도움을 준 사람들의 이름을 빠짐없이 언급한다. '모두 감사합니다'와 같은 상투적인 말은 와닿지 않으니 지양하자.

6. 깃랩은 잡담을 장려한다. 하루 30분, 쉬는 시간에 직원 한 명과 1대1로 화상통화를 하도록 하자. 각자 커피 한 잔을 들고 모니터 앞에서 얼굴을 마주 보고 앉아 부담 없이 편하게 수다를 떨면 된다.

7. 하루 30분 정도 정해진 시간에 팀원들은 화상채팅방에서 만난다. 회의를 하는 게 아니라 전혀 상관없는 주제를 정하고 매일 대화를 나눈다. 월요일에는 스포츠, 수요일에는 반려동물이라도 좋다.

오토매틱나 깃랩의 핸드북 사례가 완벽한 해답은 아니다. 그래도 최소한 조직 전체가 하이브리드 워크에 맞춰 커뮤니케이션 습관을 바꾸려면 어떤 것을 중시할지를 살필 수 있는 참고 자료는 될 것이다. 조직은 구성원들이 언제나 쉽게 활용할 커뮤니케이션 매뉴얼을 갖추는 것이 필요하다.

동기/비동기를 오가는 당신을 위한 화상회의 전략

하이브리드 워크의 가장 이상적인 모습은 비동기 커뮤니케이션과 동기 커뮤니케이션 사이의 적절한 균형이다. 계속 강조하지만 커뮤니케이션은 일종의 습관이다.

대부분 회사는 실시간 커뮤니케이션 위주의 문화를 오래 유지해왔지만 이제 변화할 때가 왔다. 우리에겐 결정적인 과제가 남았다. 어떻게 동기와 비동기의 적절한 조화를 이뤄낼 것인가?

필자는 그 해답으로 우선 하이브리드 워크에서 화상회의를 잘하는 법부터 제안해본다. 실시간 커뮤니케이션의 대표 격인 '회의'는 앞으로도 유의미하다. 하이브리드 워크의 특성상 시간을 맞추기 어렵다는 한계는 있지만 꼭 필요한 회의는 미리 일정을 조율해서 진행해야 한다. 그리고 사무실 출근자와 원격근무자가 뒤섞인 하이브리드 워크에서는 커뮤니케이션을 명확히 하는 편이 좋으므로 사전에 회의록을 공유하고 원격을 위한 장비를 챙기는 작업이 필요하다.

화상회의를 위한 회의록은 어떻게 쓸까?

① 목적을 생각하고 정확한 내용을 작성하자

회의록의 의미는 무엇일까? 필자가 보기에는 기록보단 확인에 의미가 있다. 화상회의에서는 통신 문제로 커뮤니케이션에 오해가 생기기 쉽다. 대면 회의에서는 표정이나 몸짓 등 미세한 부분까지 보면서 상대의 뉘앙스를 직관적으로 받아들이지만 화상회의에서는 그런 게 힘들다. 똑같은 말을 해도 그 맥락이나 의도가 잘못 전달되기 쉽다. 화상회의가 순조로워도 그렇다. 이때의 회의록은 오해를 줄이기 위한 수단이 된다. 회의록은 주요 논점 및 사실 관계를 명확히 작성하는 게 최우선이다. 모든 말을 꼼꼼히 기록하려는 강박을 가질 필요는 없다. 어떤 업무를 언제까지 누가 완료할지…. 회의록의 사실 관계에는 이런 것들이 포함돼야 한다.

② 일의 흐름을 담자

회의록은 일종의 업무 로드맵이다. 회의하면 상급자의 지시사항이나 팔로우업 업무가 생기기 마련인데, 불참한 팀원들에게도 그런 정보가 공유돼야 한다. 지시사항, 팔로우업 업무는 누락 없이 작성하는 편이 현명하다. 일의 흐름은 이런 디테일을 따라간다. 또한, 회의 주제가 이전과 이어진다면 지난 안건도 간략히 언급하며 맥락을 담는 편이 좋다. 회의록을 읽는 사람들이 안건의 연속성, 논의사항을 흐름에 따라 파악하도록 말이다. 논점을 놓치면 샛길로 접어들기 쉽다. 특히 비대면 회의에서는 더 그렇다. 일잘러들도 회의에서 어떤 내용을 논의했고 어떻게 진척될지의 흐름을 한눈에 알 수 있도록 정리한다고 한다. 이유는 분명하다. 흐름에 따라 정리하면 진행 방향에 혼선이 줄어들고 문제점을 점검하는 데 도움되기 때문이다.

③ 적절한 템플릿을 미리 준비하자

화상회의가 많아지고 기록용 템플릿도 늘어났다. 회의록에 어떤 내용을 정리할지 모르겠는가? 그렇다면 활용할 템플릿을 미리 찾아

두면 된다. 템플릿은 당신의 업무 성격에 맞는 것을 찾도록 한다. 그래도 적절한 게 없다면? 당신이 기본 템플릿을 직접 보완하면 그만이다. 미리 템플릿을 준비해두면 회의록을 빠르게 작성하고 공유할 수 있다. 다음 예시는 가장 기초적인 회의록 템플릿의 형태다.

기본 정보: 주관 부서/담당서, 일시, 장소, 참가자 정보
주제: 회의를 하는 목적
* 연속적인 회의 경우 지난 논의점 요약 공유
주요 내용(요약): 회의에 참석하지 않은 직원들에게 핵심 내용 공유
상세 내용: 회의 주요 주제별 논의 내용을 상세히 기술
의사 결정사항: 회의를 통해 결정된 사항에 대해서 기술
To Do List: 회의에서 나온 팔로우업 사항, 지시사항, 특정 기한까지 완료해야 할 업무 등을 작성
* 완료일자, 담당자 등 명시

어떤 것을 고려해야 할까?

① 오디오 품질에 신경 쓰자

고품질 마이크는 화상회의를 위해서 미리 갖춰두는 편이 현명하다. 우수한 장비는 소리를 잘 전달해준다. 사람들은 화상회의에서 가장 중요한 건 상대방의 얼굴이 보이는 화면이라고 생각하곤 한다. 하지만 비대면 환경에서는 영혼의 창은 눈이 아닌 성대가 된다. 오디오에 비하면 화면은 부수적인 요소란 이야기다. 얼굴이야 못 봐도 그만이지만 대화가 안 되면 회의는 진행되기 힘들다. 오디오 불량에서 시작되는 혼선은 언제나 급작스럽게 생긴다. 당장 해결되는 경우도 별

로 없다. 원격으로 회의에 참석하는 사람(원격 참가자)들도, 사무실에서 회의에 참가하는 사람(사무실 참가자)들도 마찬가지다. 화상회의에서 고품질 마이크는 꽤 중요하다.

② 원격 참가자를 위한 장비를 마련하자

프레젠테이션 자료, 유인물, 회의 내용을 적은 화이트보드, 플립 차트 등. 사무실 참가자라면 쉽게 파악했을 정보들이다. 하지만 원격 참가자들을 위한 기초적인 장비 세팅이 이뤄지지 않는다면 원격 참가자들은 간단한 정보들도 파악하기 힘들다. 원활한 회의 진행을 위해 원격 참가자들도 사무실 참가자처럼 회의 현장을 생생하게 느끼도록 세팅하도록 하자. 가령 5명의 사무실 참가자와 2명의 원격 참가자가 회의한다면 웹캠이 내장된 노트북은 최소 4대가 필요하다. 노트북 2대는 사무실 참가자들을 비추고 누가 발언하는지 원격 참가자들이 인지하도록 하는 용도로, 또 다른 1대는 필요에 따라 세션 중 발표자와 시청각 자료들을 교차하면서 비추는 용도로, 마지막 1대는 프레젠테이션 자료를 계속 틀어주는 용도로. 이런 장비를 구비하는 게 번거로울 수 있지만 회의의 유의미한 성과를 위해 꼭 있어야 한다.

③ 원격 참가자가 송출되는 화면은 '실물 크기'로 키우자

원격 참가자들이 사무실 참가자들을 인지하는 것처럼 사무실 참가자들도 원격 참가자들을 인식해야 한다. 존재감을 나타내려면 시각적인 도구를 활용하는 편이 현명하다. 사무실 참가자들이 원격 참가

자들의 얼굴을 보도록 송출 화면을 회의실에 크게 배치한다. 중앙에 있는 메인 화면 외에도 2개의 대형 모니터를 회의실 양쪽에 하나씩 추가로 놓는다. 송출되는 화면은 '실물 크기'로 표시하면 끝이다. 사무실 참가자들은 원격 참가자들이 자신과 함께 회의실에 있는 듯한 실재감을 느끼게 된다. 이제 사무실 참가자들은 원격 참가자들의 존재를 무심코 잊기 힘들 것이다.

④ 그룹 세분화를 주의하자

간혹 회의 중에는 참가자들을 소그룹으로 나눠야 할 때가 있다. 이때 분류의 기준이 중요하다. 원격 참가자들로만 같은 그룹으로 묶거나 사무실 참가자들로만 같은 그룹으로 묶는 일은 피하는 게 현명하다. 이런 구별은 어느 한쪽의 편향된 커뮤니케이션을 불러일으킨다. 원격 참가자들이 소외감을 느끼거나 사무실 참가자들이 원격 참가자들의 존재를 잊어버리는 일이 생길 수 있다. 분류의 기준을 한 번만 더 생각해도 사무실/원격 참가자 사이의 물리적 거리감이 좁혀질 것이다. 서로의 물리적 거리감을 의식할 만한 상황은 만들지 않도록 해야 한다. 예를 들어 여러 소그룹에 원격 참가자들을 분산시켜 사무실 참가자들과 섞이게 함으로써 동등한 지위를 강조한다. 사무실/원격 참가자 간의 상호작용을 극대화하려면 세심한 주의가 필요하다.

⑤ 퍼실리테이터는 참가자들의 몰입에 유의하자

화상회의에서는 회의 진행자인 퍼실리테이터 역할이 중요하다. 참가자들이 한곳에 모여 회의를 진행했다면 그들은 현장의 흐름을 그대로 느꼈을 것이다. 누가 안건에 대해 적극적으로 의견을 냈고, 또 소극적으로 참여했는지 헷갈릴 일이 적다. 주제만 명확하다면 서로 의견을 자연스럽게 주고받는 일은 그리 어려운 일이 아니다. 하지만 화상회의는 다르다. 전반적으로 원격 참가자들의 몰입도가 떨어지거나 사무실/원격 참가자 사이의 커뮤니케이션이 제대로 이뤄지지 않는 경우가 잦다.

퍼실리테이터 역할은 이때 강력해져야 한다. 이들은 방송 진행자처럼 오프라인 참가자가 말한 걸 다시 정리해서 원격 참가자가 제대로 인지했는지, 다른 의견이 있는지 적극적으로 확인하고 참여를 유도하는 아주 중요한 역할을 해내야 한다. 퍼실리테이터가 참가자의 몰입을 잘 끌어낼수록 회의가 잘 마무리될 확률이 높아진다. 다시 한번 강조해본다. 퍼실리테이터는 사무실 참가자들이 회의를 지배하는 것을 막고 원격 참가자들의 참여를 유도하며 그들의 발언이 무시되거나 차단되지 않도록 해야 한다.

어떻게 잘 이용할 것인가?

줌Zoom, 웹엑스Webex, 구글 미트Google meet 등···. 코로나19의 장기화로 화상회의 툴의 활용은 일상이 됐다. 이제 사내 커뮤니케이션을 넘어 외부 미팅이나 채용 면접도 화상회의 툴로 해결하는 시대가 온 거다. 하지만 화상회의 툴을 일상적으로 사용하게 됐다는 게 다가오는 하이브리드 워크 시대에 최적화된 커뮤니케이션 방식이 화상회의라는 것을 뜻하진 않는다. 재택근무 당시에는 화상회의가 최선이었지만 유연 근무가 활성화된 요즘은 다르다. 같은 시간대에 접속해야 하는 화상회의는 다른 시간대에서 일하는 것이 기본값인 유연 근무에 적합하다고 보기 힘들기 때문이다. 그리고 우리가 아는 화상회의는 컨퍼런스콜에 카메라 기능이 추가된 것이다. 이전에도 전 세계에 해외 법인 및 지사가 많은 대기업은 스피커가 달린 컨퍼런스콜 전용 기계를 두고 음성회의를 진행했다.

필자는 사회 초년생 시절에 종합상사에서 LCD 패널 영업을 하면서 남미 시장을 담당했고, 본사 영업 담당자로서 매주 브라질 법인장과 컨퍼런스콜을 했었다. 한국과 브라질의 시차는 12시간이다. 필자는 어쩔 수 없이 컨퍼런스콜이나 전화를 하기 위해서 브라질 법인장의 출근을 기다리곤 했다. 다행히 필자를 배려한 당시 브라질 법인장은 아침 8시에 출근을 해줬고 한국시간으로 저녁 8시에는 회의를 시작할 수 있었다. 긴 회의를 마쳐도 업무가 끝난 건 아니었다. 회의 후에 논의한 내용을 정리해야 했고, 그런 날의 퇴근 시각은 저녁 10시쯤이었다. '라떼는 말이야'를 시전하자는 것은 아니다. 필자는 원격근무의 대명사인 화상회의가 동시적 커뮤니케이션을 바탕으로 한다는 걸 말하고 싶었다. 컨퍼런스콜이나 화상회의에는 조건이 따라붙는다. 화상회의는 다른 사람들을 위해 우리 의지와 다르게 근무시간을 조정하고 참석한다는 조건. 그게 꼭 필요하다.

이것 말고도 화상회의에는 치명적인 한계들이 있다. 우선 커뮤니케이션이 힘들다는 점이 그렇다. 화상회의 툴로는 상대방의 미묘한 표정 변화, 시선, 감정, 분위기를 다 담긴 힘들다. 우리는 스크린을 통해 얼굴을 마주하는 회의에서는 상대가 전하는 뉘앙스를 추측하게 될 뿐이다. 아무리 좋은 화상회의 툴이라도 그렇다. 상대가 논의하고 있는 사안을 긍정적으로 바라보고 있는지, 아니면 부정적으로 생각하고 있는지, 아니면 전혀 다른 생각을 하고 있을지⋯. 화면을 통해 어렴풋한 짐작만 할 뿐이다. 따라서 화상회의에서 나온 사안들을 다시 한번 확인하고 문서로 남기는 과정이 꼭 필요하다. 회의 참석자들의 동상이몽을 줄여주는 가장 좋은 방법이 될 것이다.

화상회의에는 기술적인 문제도 많다. 다시 강조해본다. 화상회의에서는 여럿이 동시에 대화하긴 힘들다. 그렇게 이야기하면 당연하게 오디오 물림 현상이 나타나면서, 회의 참여자들의 목소리가 뒤섞여 서로가 무슨 이야기를 하는지 알아들을 수 없기 때문이다. 화상회의 때는 한 사람씩 발언권을 가지고 발표하는 것이 이상적이다. 문득 다른 사람의 이야기를 듣다 좋은 아이디어가 떠올라도 자기 차례가 올 때까지 기다려야 한다. 대기시간은 아이디어를 잊게 하거나 타이밍을 놓치게 하는 경우가 많을 것이다.

또 다른 문제는 참여의 적극성이다. 화상회의는 참여자들 대부분이 소극적인 자세를 취하게 된다. 참여자가 발언권을 힘들게 얻어가면서 자기 생각을 나서서 말하는 일은 생각보다 어렵기 때문이다. 소극적인 성향이라면 더더욱 그렇다. 화상회의에서 생기는 침묵은 어쩌면 자연스러운 현상이다. 하이브리드 워크가 본격화되면 일부는 사무실에서, 나머지는 집이나 카페에서 화상회의에 참석하게 된다.

이때, 논의를 주재하는 사람이 제대로 진행 및 조율을 하지 못한다면 원격근무자는 사무실 출근자들에 의해 소외되고 만다. 상상력을 발휘해 생각해보자. 주된 논의가 사무실 중심으로 이뤄지거나 화상회의 툴로 접속한 참가자가 말하는 중에 사무실 출근자가 큰 목소리로 끼어들거나…. 이런 불편한 상황들은 회의 진행자의 역량이 부족하다면 생각보다 빈번하게 일어날 것이다. 재택근무자는 회의에서 배제됐다고 느낄 수밖에 없다. 그리고 그는 회의를 위해 사무실 출근을 선택할지 고민하게 된다.

스탠퍼드대학교 교수 제러미 베일런슨Jeremy Bailenson은 심리학적 관점에서 '줌 피로'의 원인을 규명한 논문을 발표했다. 그에 따르면 화상회의는 여러 이유로 심신을 지치게 만든다. 주요 원인은 눈 마주침이다. 화상회의 중에는 참가자 각각이 카메라를 응시한다. 화면으로 보면 다른 참가자 모두가 자신만 쳐다보는 것처럼 느껴지는 것이다. 한 화면에서 여러 사람과 동시에 마주 보는 상황은 뇌에 부담을 주고 피로도를 키운다. 다른 스트레스 요인으로는 화면 크기가 있다. 화면에 비친 피사체가 클수록 물리적 거리가 가깝게 느껴져 긴장감이 높아진다. 화면에 뜬 자기 모습도 스트레스 유발 요소가 되는데, 이는 거울로 자기 얼굴을 계속 들여다볼 때의 스트레스와 같다. 거울에 비친 자신을 오래 관찰할수록 부정적 감정이 극대화된다는 연구 결과도 있다. 화상회의에 참석하면 자기 얼굴에 과도하게 신경을 기울이게 되면서 상대를 비판적으로 보려는 심리가 강해지고 만다. 이 밖에도 베일런슨 교수는 제한된 상황에서 상대의 비언어 신호에 집중해야 하는 상황, 활동 범위가 촬영 공간으로 제약된다는 환경도 줌 피로를 높이는 요인이라고 밝혔다.

그런데도 화상회의 툴은 앞으로 다양한 분야에서 폭넓게 쓰일 것이다. 우리가 코로나19의 영향에서 벗어난다고 해도 말이다. 2021년 글로벌 화상회의 소프트웨어 기업 줌과 보스턴컨설팅그룹BCG의 연구 논문 "코로나19 기간 중 화상 커뮤니케이션 솔루션이 미친 경제적 영향Report: The Impact of Video Communications During COVID-19"은 화상회의 툴의 가능성을 증명해준다. 연구 논문을 위한 설문조사는 미국 외 5개국의 교육, 의료, 기술, 보험, 유통, 부동산 분야 종사자 5,820명을 대상으로 진행됐다. 설문조사에 따르면 코로나19로 인해 화상회의 솔루션을 사용하는 시간이 최대 5배가량 늘었으며 응답자의 약 80%가 코로나19 이후에도 화상회의 솔루션이 비즈니스 운영에 필수 요소가 될 것이라고 밝혔다.[*]

이제 화두는 화상회의를 어떻게 잘 활용할지에 있다. 화상회의에서 문제가 되는 건 툴의 기능보다는 사용법이다. 영국의 생산성 향상 솔루션 기업이 미국과 영국의 직장인 2만 명을 대상으로 조사한 '2020 워크 프롬 홈 리포트Work from home 2020 Report'의 응답자 45%는 원격근무 중에 가장 선호하는 커뮤니케이션 방식으로 '화상회의'를 꼽았다.[**] 하지만 이들 중 56%는 잦은 화상회의는 업무에 방해되며 목

---

[*]   줌-BCG, "'코로나19 중 화상 커뮤니케이션의 영향' 보고서 발표", 《IT world》, 2021. 03. 29.
[**] "Wundamail Crisis Report 2020: Video-chat Overdrive Could Lead to Plummet in Productivity", wundamail, 2020. 04. 14.

표 달성을 위해 방해받지 않고 집중할 시간이 필요하다고 답했다. 우리는 어떻게 빈도를 조절할 수 있을지에 대해 고민해봐야 한다. 기업들이 가장 많이 택한 해결책은 화상회의 빈도를 줄이고 업무용 협업툴과 이메일도 함께 사용하도록 하는 것이었다. 이들은 내부 커뮤니케이션을 활성화하는 협업용 메신저나 업무 현황을 실시간으로 공유하고 관리하는 보드형 협업툴을 쓰면서 불필요한 화상회의를 줄여나갔다. 또한, 회의 내용의 진행 상황을 관리하는 시스템을 운영하는 곳도 있다.

3
이제 구술보다 기록이다
장

쓰기는 의식을 재구조화한다.

미국의 문학비평가 월터 J. 옹

코로나19 이전에는 비즈니스 커뮤니케이션은 말로도 충분했다. 급한 일이 있으면 회의실에 모여서 해결하면 그만이었다. 의사 결정을 위한 보고도 대면 위주였다. 그 과정에서 작성되는 갖가지 서류들은 보고를 돕는 참고 자료에 불과했다. 하지만 하이브리드 워크 시대는 다르다. 동기/비동기를 오가는 상황에서 구술 커뮤니케이션을 진행하려면 복잡한 전제들이 붙는다. 직원들 모두가 같은 시간에 일하고 다양한 디지털 기술의 도움을 받으며 누군가는 따로 시간을 내 논의된 이야기를 문서로 정리하고 공유하는 업무를 맡아야 한다는 것. 과정만 봐도 복잡하다. 비대면에서 구술 커뮤니케이션은 생각처럼 쉽지 않다. 조직의 리더들은 옛날처럼 내킬 때마다 자기 자리로 불러 팀원에게 보고서의 내용을 브리핑하라고 시킬 수 없었다. 그렇다고 일일이 전화로 상황 보고를 받자니 그것도 시원치 않게 느껴졌을 것이다. 모든 상황을 이유로 앞서 설명한 비동기 커뮤니케이션이 이 시대의 소통법으로 떠오르는 듯하다. 우리는 이미 말에서 글쓰기로, 구술 문화에서 기록 문화로 전환하고 있다.

왜 말솜씨보다 문해력이 중요할까?

말은 쉽게 사라진다. 재차 확인해야 하는 불편함도 있다. 가령 팀장이 팀원에게 "제가 지시한 기획안 작성 어느 정도 됐나요?"라고 물으면 팀원은 "네, 거의 다 됐습니다"라고 답할 거다. 그런데 여기서 '거의'는 얼마나 됐다는 걸까? 60% 정도일까? 아니면 80% 정도일까? 기준은 사람마다 다 다를 것이다. 팀장이 충분하다고 생각했던 시간이 흘러도 팀원이 기획안을 보고하지 못한다면 어떨까? 팀장은 또다시 "보고서는 얼마나 됐나요?"라고 물을 거다. 그리고 그 팀원을 일 처리가 느리고 불명확한 사람이라고 판단할지도 모르겠다. 누군가는 이런 사소한 것으로 일머리를 평가하는 게 이상하다고 생각할 수도 있을 것이다.

그런데 정말 그럴까? 팀장은 대답을 들었지만 기획안이 언제쯤 완성될지 알 수 없었다. 그리고 팀장의 업무 일정에는 변수가 생겼다. 팀원이 정보를 누락하고 전했기에 팀장은 자신의 업무 일정을 예측하기 힘들어진 것이다. 이 상황에서 팀장이 팀원에 대해 일 처리가 느린 사람이라고 평가하는 게 과한 것일까? 우리는 '대강', '대략' 같은 애매모호한 말을 자주 쓰지만 이런 표현들은 일 처리를 어수선하게 할 뿐이다. 물론 이 이야기는 말보다 글이 더 낫다는 충분한 근거가 되진 않는다. 반론의 여지가 있다. 누군가는 이런 상황이 매번 있는 건 아니고 말로도 논점을 빠짐없이 이야기하면 된다는 논리로 주장을 부정할 것이다.

하지만 필자는 이에 대해 반박한다. 우리의 뇌에는 한계가 있다. 우리가 아무리 말로 잘 전달했다고 해도 상대가 그 모든 말을 기억할 수 있을지는 미지수란 이야기다. 1시간 넘는 회의라면 더욱 그렇다. 1시간이 넘는 시간 동안 회의를 진행하면 다양한 의견이 제시될 거다. 몇몇은 정말 중요한 안건일 수도 있다. 하지만 제대로 기록해두지 않는다면 수많은 의견들이 회의 참가자들의 어렴풋한 기억으로만 남게 된다. "그때, 그거"하면서 말이다.

사내 기록이 대부분 문서로 갈무리하는 데에는 나름의 이유가 있다. 일의 진행에서 교류되는 모든 의견과 상황은 반드시 기록해서 가시성을 확보해야 한다. 잘 정리된 문서가 일을 더 수월하게 해준다. '말'의 한계에 대해 공감하고 '글'을 기반으로 협업하면 회사와 직원들의 수고스러움을 줄일 수 있을 것이다. 우리는 문서로 진행 상황을 쉽게 공유할 수 있으며, 미스 커뮤니케이션을 줄여 다른 팀원들과 한층 더 의미 있는 논의를 할 수 있다.

일을 서류로 정리하거나 문서를 파악하는 일이 피곤하긴 하다. 실제로 보고서로 하는 커뮤니케이션은 말이나 짧은 메신저로 대화하는 것보다 시간이 오래 걸린다. 우리는 하루에도 수십 통의 이메일을 보내고 사내 메신저나 카카오톡으로 수없이 많은 메시지를 주고받는다. 만약 당신이 보고체계가 간단한 스타트업에서 일한다면, "우리는 슬랙만 가지고도 아무 문제없이 잘 일했고 앞으로도 보고서나 이메일 작성 등 글쓰기 능력이 필요하지 않다"라고 말할지도 모르겠다.

틀린 이야기는 아니다. 스타트업들은 서류 업무를 줄이고 슬랙, 잔디 같은 협업툴을 유용하게 활용하고 있다. 하지만 모든 게 그렇듯이 협업툴도 완벽하지 않다. 협업툴은 '빠르고 짧은 답변'에 최적화돼 있

◆ 업무의 우선순위에 따른 바람직한 행동방식

도표는 스티브 코비 박사의 '시간 관리 매트릭스'다. 매트릭스는 중요도와 긴급도를 양축으로 해 크게 업무를 4가지로 나누고 있다. 이 매트릭스에서 알 수 있듯 우리에게는 긴급하고 중요한 일(A)만 있지 않다. 상대적으로 긴급도는 떨어져도 중요도가 높은 일(B)들도 상시 있다. 이런 일에는 보통 전략과 계획이 필요하다. 진행 과정에서 다양한 회사 내외부의 사람들과 협업 관계가 복잡해질 경우가 많다. 적극적인 협업이 필요할수록 실무자들이 나누는 대화도 복잡해진다. 이런 대화를 실시간 커뮤니케이션에 특화돼 있고 휘발성이 높은 메신저로 한다면? 내용을 따라가기 힘들지도 모른다.

다. 메신저를 주고받을 때 긴 글이 나오면 갑자기 읽기 힘들어진다. 꼭 체크해야 하는 내용도 다른 대화들에 밀려 메시지창 위로 올라가 버린다. 사르륵하고 순식간에 말이다.

모든 일을 협업툴로만 커뮤니케이션할 순 없다. 하이브리드 워크 중에는 더더욱 그렇다. 우리는 다른 시간대에서 일하는 상대에게 복잡한 안건을 정확히 전달하기 위해서 생각을 충분히 긴 글로 잘 풀어낼 능력이 절실하다. 반대로 우리는 상대의 안건들을 오독하지 않기 위해서 그가 작성한 일의 맥락을 잘 읽어내는 능력도 필요하다. 문해력은 우리의 비즈니스에 4가지의 긍정적 효과를 불러올 것이다.

1 │ 논리적인 소통을 하게 된다

"6페이지 분량으로 이야기의 체계가 잘 짜진 문서를 작성할 수 없는가? 그럼 당신의 아이디어는 명확하지 않은 것이다." 아마존 창업자 제프 베이조스의 말이다. 머릿속 생각을 글로 옮겨본 적 있는 사람이라면 이에 동의할 것이다. 본디 글은 말이나 생각을 글자로 나타낸 기록이다. 그냥 말로 내뱉었을 내용을 글로 만들 때는 생각을 정리하고 글자로 옮기는 작업을 수행해야 한다. 그렇기에 글은 말보다 논리적으로 이야기를 구성할 수 있다. 필자는 글을 쓰다가, 영 말이 안 되는 부분들을 쉽게 발견하기도 한다. 그때마다 실감한다. 흘려보내는 말과 달리 흔적을 남기는 글을 쓸 때는 명확한 판단을 하게 된다는 것을 말이다.

2 | 무의미한 소통이 줄어든다

말로만 옳는 커뮤니케이션보다 무언가를 남기는 글쓰기는 더 쓸
모 있다. 가령 당신이 어떤 상대와 안건을 논의하고자 글을 쓴다고 하
자. 시간은 좀 걸렸지만 정리된 문서가 완성됐다. 당신은 상대에게 정
리된 문서를 보낸다. 이제 잘 정리된 문서가 있고 당신과 상대는 그
걸 읽는데 거부감이 없으므로 서로는 같은 이야기를 반복하며 시간
을 낭비하지 않게 된다. 궁금할 법한 내용들은 눈에 보이게 잘 정리되
니 서로가 결정할 내용들도 한눈에 명확하게 들어왔다. 그래도 추가
로 확인할 사안은 있다면 메신저나 협업툴을 활용하면 그만이다. 이
로써 무의미한 커뮤니케이션이 줄어들었다. 글로 하는 커뮤니케이션
은 쓰는 시간 때문에 과정이 길게 느껴질 때도 있지만 장기적으로 보
면 말로 하는 커뮤니케이션보다 과정이 여러모로 간략해진다.

3 | 일의 맥락을 전달한다

의사 결정권자나 당신의 동료가 업무의 모든 맥락을 꿰뚫긴 힘들
것이다. 애초에 불가능하다. 하지만 그들은 당신과 논의하는 쟁점의
배경을 대충이라도 알아야 한다. 맥락을 제대로 알지 못하는 일에 대
해 컨펌하거나 아이디어를 내긴 힘들기 때문이다. 당신이 꼭 해야 하
는 일을 처리해도 상대가 그 맥락을 모른다면? 상대방은 당신이 무엇
을 왜 하겠다는 건지 이해하지 못하고, 의견에 반대하기 쉽다. 당신의
노력이 평가 절하되는 것이다. 그렇다고 공유를 목적으로 모든 일을
회의하고 발표하긴 힘들다. 당신도, 상대도 온종일 회의하기엔 시간

이 부족할 것이다. 하지만 이 타이밍에 당신의 생각을 잘 정리한 문서가 있다면? 이야기가 수월해진다. 어느 정도는 상대방에게 일의 맥락을 전하는 게 가능하다. 문서는 관점을 나눠서 정리하자. 수평적 방향(팀원 및 동료), 수직적 방향(상부), 외부적 방향(고객)에서 작성하고 내용을 자주 공유하면 서로 일의 맥락을 놓치지 않게 될 것이다. 잘 작성된 문서는 당신과 회사의 구성원 모두에게 있어 시공간을 초월하면서도 아주 유용한 참고 자료가 될 것이다.

4 │ 인수인계가 수월하다

잘 정리된 문서는 유용하다. 특히 조직에 새로운 사람이 합류했거나 프로젝트 담당자가 바뀌었을 때 그렇다. 정리된 내용이 없다면 전임자나 사수가 인수인계라는 이유로 일의 진행 상황을 알려줘야 한다. 그리고 대부분 사람들은 한 번만 듣고 모든 것을 척척 해낼 수 없으므로 여러 번 누군가에게 부탁하는 상황이 생길 것이다. 물어보는 사람도, 답하는 사람도 마냥 편하긴 힘들다. 잘 정리된 문서는 이에 대한 최소한의 방안이 된다. 업무를 팔로우업해야 하는 사람은 문서를 꼼꼼히 읽고 파악하는 것만으로 업무 히스토리를 좀 더 수월하게 습득해가게 된다. 인수인계에도 잘 쓰고 잘 읽는 능력은 유효하다.

필자들은 기업 관계자들에게 재택근무로 변화한 비즈니스 커뮤니케이션의 고단함에 대해 종종 듣는다. 대게는 일일이 메신저나 이메일을 이용하면서 겪는 어려움이다. 보고자도 힘들고, 피드백 주는 선배나 상사들도 힘들다.

예를 들어 이렇다. 요즘 신입사원들은 원격근무의 장기화로 제대로 된 실무 교육을 받지 못했다. 이메일, 보고서 작성 등 사무실 출근을 했다면 어깨너머로 배웠을 자연스러운 실무들이다. 그들은 비즈니스 커뮤니케이션을 숙지하지 못한 채 업무에 투입된 셈이다. 그들의 성과는 떨어졌고 간단한 일도 여러 번 하는 상황들도 많았다. 그들의 선배들과 관리자급 리더들도 고민이었다. 자기 책임 아래에 있는 신입사원들의 성과가 이런 식이면 여러 가지로 곤란했다. 선배들이 그들의 업무를 확인해주는 것도 한계가 있었다. 신입사원들이 외부 업체들과 주고받는 메세지 1~2줄까지 일일이 보고받을 것도 아니었다.

상황에 따라 일의 방식은 바뀐다. 지금은 하이브리드 워크 시대를 맞이하고 있고 이 방식에는 잘 읽고 쓰는 능력이 중요하다. 서로서로 더욱 발전하기 위해서, 기업들은 직원들의 문해력 강화를 위한 교육을 시작해야 할 것이고 직원들도 문해력을 키우도록 부단히 노력해야 한다.

기업들은 왜 비즈니스 글쓰기를 하게 될까?

대면 커뮤니케이션은 대표적인 '고맥락 커뮤니케이션'이다. 여기서 고맥락 커뮤니케이션은 표정, 몸짓, 뉘앙스와 같은 비언어적 신호에 의존한다.

이에 반해 글은 대표적 저맥락 커뮤니케이션이다. 저맥락 커뮤니케이션에서는 언어 그 자체를 바탕으로 내용을 파악할 수 있다. 실제로 글로 하는 커뮤니케이션에는 많은 정보가 생략된다.

> **고맥락 커뮤니케이션** (화난 목소리로) 김대리님, 어제 말한 그것 좀 가져와봐요.
> **저맥락 커뮤니케이션** 김대리님, 어제 요청한 '상반기 전략 방향 보고서' 오후 3시까지 나에게 보내줘요.

저맥락 커뮤니케이션에서는 상사가 어떤 뉘앙스로 김대리에게 지시하는지 파악하기 힘들다. 문장을 통해서 알 수 있는 건 보고서를 보내라는 메시지 정도다. 그거 말고는 파악할 수 있는 게 없다. 반면 고맥락 커뮤니케이션은 어떤가? 당신은 상사가 뭔가 언짢다는 걸 유추할 수 있다.

하이브리드 워크에서의 직장인은 보편적으로 저맥락 커뮤니케이션을 하게 될 것이다. 당연히 고맥락 커뮤니케이션을 할 때보다 많은 걸 놓치게 된다. 시간이란 변수도 붙는다. 우리는 상대방이 언제 확인할지 모르는 메시지를 보낸다. 당신이 지금 메시지를 보내도 상대방은 바로 답하지 않을 가능성이 크다. 협업용 메신저에서 모호한 표현이나 부정확한 단어를 사용하면 커뮤니케이션 중간에 빈 시간이 늘어날 뿐이다. 고맥락 커뮤니케이션에서의 실수는 융통성 있게 대처할 수 있지만 저맥락 커뮤니케이션에서의 실수는 오랫동안 기록된다. 자칫 잘못 작성한 메시지가 영원히 박제되는 일도 흔하다. 저맥락 커뮤니케이션을 하려면 한 번에 내용 정리를 잘해야 한다는 부담도 있다.

글쓰기와 같은 저맥락 커뮤니케이션은 불편할 수 있다. 하지만 고맥락 커뮤니케이션이 갖지 못하는 강점도 많다.

'세계 1위' 아마존은 PPT를 쓰지 않는다

아마존은 비즈니스 글쓰기를 지향하는 대표적인 기업이다. 이들은 이미 2004년에 'No PPT'를 선언하고 사내 모든 보고서와 문서를 내러티브 메모로 쓰도록 했다. 내러티브 메모의 대표적 예가 바로 '6페이저6-pager'로, 파워포인트가 아닌 워드를 사용해 작성한다. 그리고 글자 크기는 10~11포인트, 형식은 보도자료에 가깝게 쓴다. 작성 시 유의할

아마존 6 페이저 예시

핵심 요약: 신시장 진출에 따른 위험요소

① 시장 선점 기업의 방어전략
② 기존 브랜드의 가치 하락

내러티브 메모: 새로운 시장으로 진출하기 위해서 다양한 위험요소를 고려해야 한다. 첫째, 먼저 기존에 시장을 선점하던 1위 기업이 공격적인 가격 전략 등을 통해 방어 전략을 취할 수 있다. 자사는 투입할 자원이 제한적이기 때문에 가격 인하에 수비적으로 대응할 수밖에 없을 것이다. 둘째, 기존 브랜드를 새로운 시장에서 그대로 사용하면 브랜드 가치 하락을 일으킬 것으로 보인다. 기존 브랜드가 새로운 시장에 적응하지 못하면 브랜드 이미지가 부정적으로 형성될 수 있다.

점은 핵심 요약과 함께 기획 의도를 잘 녹여내야 한다는 것이다. 표는 아마존 6페이저 예시다.

이처럼 핵심 요약으로 회의 주제를 파악하고 내러티브 메모로 안건의 중요도와 맥락을 파악할 수 있다. 지금까지 회사에서 흔하게 사용했던 보고서 구조는 개조식이었다. 제목과 소제목만 봐도 내용을 금세 파악할 수 있어서 상사들이 이 구조를 선호했기 때문이다. 하지만 새로운 일의 시대에서는 개조식보다 내러티브 메모가 더 적합하다. 비대면 보고가 일상화되면서 말로 설명할 기회가 줄었는데, 내러티브 메모는 부수적인 설명이 필요 없을 정도로 자세하게 적기 때문이다.

아마존은 6페이저를 실제 회의에 어떻게 활용할까? 회의 참가자들은 문서를 받으면 회의 전에 20분 동안 6페이저를 정독하고 회의 시간에 질문할 내용을 정리한다. 이로써 회의 참가자들은 6페이저로 주제 이해도를 높인다. 또한 문제를 고민하면서 생산적인 토론을 하게 된다. 제프 베이조스는 《포브스》와의 인터뷰에서 내러티브 메모는 무엇이 더 중요한지를 알려주며 각 사안의 연결 관계가 어떻게 되는지 파악할 수 있게 해준다고 말했다.[*] 회의 참가자들은 6페이저를 읽고 회의 내용과 안건의 중요도를 미리 파악하는 것이다.

또 다른 내러티브 메모로는 PR/FAQ 제도가 있다. PR/FAQ는 아마존이 사내에서 사용하는 기획안이다. 아마존 직원들은 기획안을 언

---

[*] Erik Larson, "How Jeff Bezos Uses Faster, Better Decisions To Keep Amazon Innovating", 《Forbes》, 2018.09.24.

론용 보도자료처럼 쓰고, 거기에 예상 질문까지 작성한다. 이런 보도자료도 전형적으로 내러티브를 중심으로 작성된 글이다. PR/FAQ는 아마존의 핵심 철학인 '고객 중심'으로 일을 시작하는 '워킹 백워드(순서파괴)'와 관련이 있다. 워킹 백워드는 고객에서 시작해서 기획으로 거슬러 올라가면서 고객 관점에서 제품이나 서비스의 특징을 결정하는 것을 말한다.

아마존은 이 방식으로 전자책 리더기 '킨들'을 만들었다. 2007년 출시된 킨들은 여러 차원에서 혁신적인 제품이었다. 킨들에는 e잉크 디스플레이가 적용됐는데, 고객은 이 디바이스로 책을 쇼핑하고 구매하며 다운로드했다. 또한, PC나 와이파이에 접속하지 않아도 서비스를 이용할 수 있었다. 킨들은 처음부터 고객 친화적인 디바이스는 아니었다.

이야기의 시작은 아마존이 아직 PPT 프레젠테이션과 엑셀을 사용할 때로 거슬러 올라간다. 당시 킨들의 개발 의도는 고객 판매를 향해 있었지만 진행 방향은 그렇지 못했다. 개발 사안은 기술적인 도전 과제와 비즈니스상의 제약 조건, 판매와 재무 추정, 마케팅 등에 초점을 두고 있었다. 그들은 '고객'이 아닌 아마존이라는 회사에 좋은 제품을 만들었다.

하지만 아마존은 내러티브 메모를 도입하고 그들의 시각을 바꿨다. 고객의 경험에서 기획을 시작했고, 그들이 원하는 기능과 프로세스를 생각하게 됐다. 아마존은 '읽기 경험'의 향상을 위해 뛰어난 스크린을 활용했고, 책을 구매하고 내려받는 데 편리하도록 주문 프로세스를 개편했다. 또한, 선택지를 확대하는 한편 가격을 인하한다는 결론을 냈다.

《순서 파괴》를 쓴 콜린 브라이어 전 아마존 기술 고문은 "보도자료를 작성함으로써 개발팀은 고객 문제에 관한 다양한 해결책을 미리 마련할 수 있었다"고 언급하며 글쓰기의 중요성을 강조했다.

'개발자 매거진' 만드는 미국 핀테크 기업 '스트라이프'

스트라이프는 950억 달러 가치의 핀테크 기업으로, 창업 11년 만에 '페이팔'의 대항마로 떠오르고 있다. 이들은 아마존만큼이나 글쓰기 문화에 진심이다. 매달 개발자를 위한 매거진을 발간하고 자체 출판사를 가졌을 정도다. 회사의 창업자이자 CEO인 패트릭 콜리슨은 사내 이메일에 각주를 사용할 정도로 글쓰기에 정성을 다하면서 모범을 보인다. 그는 직원들이 글쓰기에 참고할 수 있는 표준화된 템플릿을 마련하기도 했다.

스트라이프는 왜 글쓰기를 강조할까? 패트릭 콜리슨은 크게 3가지 이유로 설명한다. 첫째로 시간의 효율성이다. 글로 생각을 공유하면, 발표자가 자신의 생각을 말로 표현하기 위해 청취자들에게 반복적으로 설명하는 시간이 줄어든다. 둘째로 지식 공유다. 글은 발표자의 아이디어를 명확하게 하는 데 탁월하고 작성된 문서는 사내 직원들에게 한 번에 정보를 공유할 수 있다는 장점이 있다. 셋째로 글은 커뮤니케이션을 명료하게 한다. 다른 사람에게 의미를 잘 전달하는 글을 쓰려면 실질적인 내용으로 완성해야 한다. 말로 전달하는 것보다 글로 깔끔하게 정리해서 전달했을 때 오해의 소지가 들기 마련이다.

스트라이프는 글쓰기가 어려운 사내 직원들을 위해 다음과 같은 비즈니스 글쓰기를 제안했다.

스트라이프의 글쓰기 원칙

첫째, 각주 사용을 권장한다. 본문에 중요 정보를 기입하고 주변 정보는 하단에 각주로 넣어서 핵심 정보를 먼저 전달한다. 이는 이메일 분량을 최소화해서 읽는 사람의 시간을 절약해주고자 함이었다.

둘째, 사내에서 사용할 샘플 문서를 만들어 직원들에게 제공한다. 직원들은 규격화된 샘플 문서를 보고 내용의 시작을 어떻게 할지, 어떤 어조로 써갈지 고민하는 시간을 줄여갔다.

셋째, 이미지와 그래프의 활용을 적극적으로 장려한다. 시각 콘텐츠를 사용하면 독자의 이해를 높일 수 있다.

넷째, 문단은 짧게, 특히 첫 문단은 두세 문장으로 줄이고 소제목과 번호 등을 활용해 글에 휴식을 주며 가독성을 낮추는 복잡한 언어를 사용하지 말고 자주 수정하도록 한다. 이는 글을 읽기 쉽게 쓰기 위한 방법론이다.

다섯째, 동료끼리 서로의 글을 점검해주는 문화를 형성한다. 글은 내가 보는 것보다 남이 보는 것이 좋다. 작성자는 쓰고 고치는 과정에서 글의 논리에 익숙해져서 이상한 점을 찾기 어렵기 때문이다.

스트라이프 직원들은 이것만 지켜도 무리 없이 비즈니스 글쓰기를 해갈 수 있었다. 회사의 노력으로 글쓰기가 자연스러운 사내 문화로 자리 잡기에 이르렀고 직원 개개인의 비즈니스 문해력 역량을 높일 수 있었다.

'CEO 전언' 활용해 직원과 소통하는 '티쿤글로벌'

티쿤글로벌은 온라인 해외직판 지원 사업을 하는 국내 중소기업이다. 티쿤글로벌의 김종박 CEO는 창업 초기부터 직원들에게 글쓰기의 중요성을 강조하면서 매주 A4 용지 4~5매 분량의 'CEO 전언'을 써 냈다. 직원들에게 각자의 자리에서 해야 할 역할과 일주일, 한 달, 1년에 나아가야 할 지침이 CEO 전언에 빼곡하게 적혀 있었다. 2013년 원/엔 환율 폭락으로 회사 운영이 어려워졌을 때도 이 루틴은 변함없었다. 'CEO 전언'이 전하는 지침에 따라 직원들은 조직을 재정비했고 위기를 잘 극복할 수 있었다. 모든 것이 열악하던 상황에서 쉽지 않은 선택이었을 것이다. 글쓰기의 효력을 실감한 김종박 CEO는 모든 직원에게 글을 쓰도록 지시했다. 모든 직원은 티쿤카페에 개설된 'CEO 전언', '리더전언', '정보/생각나눔' 코너에 의무적으로 글을 올린다. 티쿤글로벌에 입사하려면 글쓰기 문화에 원칙적으로 동의해야 했다. 김종박 CEO와 이상민 부사장은 임직원들이 쓴 글을 직접 지도하기 위해서, 글 검토 회의를 매일 아침 열고 있다. 티쿤글로벌의 비즈니스 글쓰기에는 기본 원칙 5가지가 있다.

1. 쉬운 단어를 사용한다.
2. 문장은 간결하게 쓴다.
3. 주장을 명확히 한다.
4. 누구나 쓸 수 있는 주제를 선택하지 않는다.
5. 인터넷에 있는 자료를 짜깁기하여 재구성하지 않는다.

이 원칙에는 실용적인 글쓰기의 기본적인 요건들이 담겨있다. 티쿤글로벌은 글쓰기 조직문화를 형성하기 위해서 평가와 보상과도 연계했다. 회사 안에서 업무 중에 느꼈던 애로 사항이나 개선점에서부터 진행하는 일에 대한 자세한 설명, 인수인계를 위한 업무 보고, 사업 계획 발표, 해외 프랜차이즈 제품 직판의 정보까지 보고서의 주제도 한정 짓지 않는다.

'Zero PPT', 원페이지 협업툴이 뜬다

수년 전부터 국내외 기업들 사이에서 화제가 된 운동이 있다. 바로 'Zero PPT'다. 결은 조금 다르지만 그 목적은 업무의 가시성 확보와 기록 문화로의 전환과 연계된다. '노(NO) PPT'를 외친 대표적인 인물로는 애플의 창업자 스티브 잡스가 있다. 잡스는 앞서 소개한 아마존보다 먼저 노 PPT를 외쳤다. 그는 "자신이 무엇을 말하고자 하는지 아는 사람들은 파워포인트를 필요로 하지 않는다People who know what they're talking about don't need PowerPoint"라고 밝히며 PPT의 비효율성을 강조했다. 잡스가 암 투병 중일 때 담당 의사가 PPT로 병세를 설명하자 불같이 화를 냈다는 일화도 유명하다. 이외에도 페이스북의 COO 셰릴 샌드버그도 PPT보다는 내용이 충실한 형태의 보고를 원한다고 했다. J.P.모건체이스앤드컴퍼니 등 보수적인 금융업계도 최근 아마존을 벤치마킹하려는 움직임을 보인다.

국내 기업들도 이 움직임에 동참하고 있다. 가장 적극적인 기업은 현대카드다. 정태영 현대카드 부회장은 2014년, 2016년에 'PPT 금지'를 선언했고 이후 회사에서 나타난 변화를 정리해 자신의 페이스북에 올렸다. 이 글은 화제가 됐고 국내 기업들이 PPT의 효용성에 대해 다시 생각하는 계기가 됐다.

◆ 정태영 부회장이 밝힌 PPT 금지 효과

- 보고서들이 1~2장으로 짧아지고 다 흑백이다.
- 회의 시간이 짧아졌다.
- 논의가 핵심에 집중한다.
- PPT 그림을 위해 억지로 만드는 말이 없어졌다.
- 연 5천만 장에 달하던 인쇄용지 소모가 대폭 줄었다.
- 사람들이 더 지적으로 보인다.

2018년 10월에는 두산그룹이 국내 기업의 제로 PPT 문화 정착에 힘을 보탰다. 형식에 얽매이지 않고 효율적인 보고 방식으로 더 빠르게 의사 결정을 내리겠다는 취지였다. 현대자동차그룹도 2019년부터 '제로 PPT'를 선언하며 보고체계 간소화를 실행했다. 현대차그룹 정의선 부회장은 지난 2019년 10월 열린 임직원과의 타운홀 미팅에서 이에 대해 언급하기도 했다. 결재나 보고할 때 마주 앉아서 한 장 한 장 설명하는 건 제발 하지 않았으면 좋겠다고 말이다. 이메일 보낼 때도 PPT는 굳이 첨부하지 말라며 보고체계 간소화를 당부했다.

원격근무가 보편적인 일의 방식이 돼가고 있다. 그러면서 손쉽게 협업을 진행할 수 있도록 도움을 줄 도구들도 필요해졌다. 우리가 일하는 동안 서로 실시간으로 연결돼 있지 않거나 한 공간에 모여 있지 않아도 문제없도록 말이다. 최근 실리콘밸리를 중심으로 '원페이지 협업툴'이 큰 인기를 끌고 있다. 인기의 이유를 따지면 문자, 즉 기록 중심 업무로의 전환에 있을 것이다. 원페이지 협업툴은 기본적으로 문서나 페이지 안에서 노트 작성, 할 일 할당 및 관리, 파일 공유, 담당자 및 스케줄 관리가 가능한 서비스다.

대표적인 원페이지 협업툴로는 드롭박스 페이퍼, 노션 등이 있다. 원페이지 협업툴은 효율적인 커뮤니케이션과 협업에 특화돼 있다. 공동 문서 작업, 일정 관리, 메신저, 업무 할당 등. 원페이지 협업툴을 쓰면 누가 누구와 어떻게 커뮤니케이션했는지 알 수 있고, 일은 얼마나 진행했는지, 중간에 발생한 이슈는 무엇인지를 다 기록할 수 있다. 그 덕분에 굳이 다른 공간에서 다른 시간대에 일해도 모든 직원이 진행 상황을 파악하고 비동시적으로 일할 수 있다.

원페이지 협업툴은 형식에만 집중하고 중요한 디테일과 업무 과정이 생략되는 걸 지양한다. 그리고 PPT처럼 보이는 것에 치중되기 쉬운 커뮤니케이션은 삼간다. 우리는 원페이지 협업툴을 통해 일의 모든 과정을 한눈에 살필 수 있다. 우리의 일이 협업툴 안에 순차적으로 포함되니까 커뮤니케이션도 이전보다 쉬워진다. 이를 통해 불필요한 근무시간을 줄일 뿐 아니라 효율까지 높아진다. 국내에서도 노션이나 콜라비^{Collabee}와 같은 원페이지 협업툴이 많이 쓰이고 있다. 이처럼 메신저의 한계를 극복하고 문서로 만들어진 정보와 자료를 근거로 업무의 가시성을 확보하려는 움직임은 전 세계적으로 일어나고 있다.

하이브리드 워크, 내러티브가 중요해진다

PPT를 활용해도 논리와 맥락이 살아있는 글쓰기를 할 수는 있다. 하지만 PPT는 시각적인 요소들에 치중하다가 내용적인 고민을 하지 않고 만드는 일이 빈번하기 쉽다. 그리고 분명한 내용이 있다면 문서로 정리할 수 있어야 한다.

다시 한번 강조하지만 하이브리드 워크 시대에는 형식이 아닌 내용에 집중할 필요가 있다. 디자인과 형식에 쓸 시간을 아껴 문서의 내용과 인과 관계, 그리고 설득력에 신경 써야 한다는 이야기다. 이유는 분명하다. 맥락과 내러티브가 생략된 PPT만으로는 작성자가 담고자 했던 구체적인 내용을 보는 이가 알아채기 힘들 것이다. 보통 PPT는 누군가의 설명이 필요하다. 하지만 어렵게 만든 PPT를 말로 풀어서 설명하려고 별도 회의나 미팅 시간을 잡는 것은 물리적으로 어렵고 상당히 비효율적이다. 최소한 하이브리드 워크에서는 그렇다. 필자들이 하이브리드 워크 시대를 맞이해 문해력을 갖추는 게 중요하다고 주장하는 이유에는 이런 맥락이 있다.

실제로 코로나19 이후 글쓰기의 새로운 르네상스가 열리는 모습들이 곳곳에서 눈에 띈다. 실제 현장에서 작게는 화상회의나 음성회의에서 논의한 내용을 문서로 기록하는 일부터 PPT를 활용한 대면 보고를 대신하기 위한 서면 보고서 작성까지 글쓰기 역량이 있어야하는 일이 자연스럽게 늘어나고 있다. 국내 한 제약회사는 재택근무로 인한 화상회의가 늘어나자 회의에서 논의할 사항들의 팔로우업을 강화할 필요를 느꼈다고 한다. 그래서 내용을 회의가 끝나면 바로 공유할 수 있는 표준 회의록 양식을 전사에 전달했다. 화상회의 시에 자칫 빠질 수 있는 내용들을 문자로 남겨 이후에 공지할 수 있도록 한 것이다.

글쓰기는 사원들만의 일은 아니다. 하이브리드 워크 시대에는 의사 결정권자들도 자기 생각을 글로 표현하는 역량이 중요하다. 국내 한 IT 기업은 팀장 이상 중간 관리자들을 위해 '업무 지시서' 양식을 만들어 줬다. 이들은 팀원들에게 비대면으로 업무 지시를 내릴 때 이를 활용했다. 업무 지시서에는 추진 배경과 목적, 기간, 기대 효과 등을 되도록 자세하게 작성했고 불명확한 지시를 최소화하도록 했다.

온라인 글쓰기 강좌도 갑자기 인기다. 온라인 강좌 스타트업 클래스101만 봐도 그렇다. 2020년 초 7개였던 글쓰기 강좌가 2022년 1월에는 36개로 늘었다. 지난해 교육 기업 에듀윌의 실용 글쓰기·KBS한국어능력시험 강좌 수강생도 전년보다 141% 증가했다. 또한 주요 교육 업체들도 온라인 글쓰기 강좌를 개설해 글쓰기 역량 강화를 고민하는 직장인들의 지갑을 노린다.*

영국 주간지 《이코노미스트》는 비대면 사회로 접어들수록 글쓰기가 번창하고 있다고 보도했다. 여기서 비즈니스 글쓰기는 간단하게는 메신저를 통한 커뮤니케이션부터 이메일, 보고서, 기획안, 연설문 등을 포함한다. 오늘날의 우리에게 기사는 많은 것을 시사한다. 기사에 따르면, 사람들은 하이브리드 워크의 비즈니스에 글쓰기가 필요하다고 느끼고 있고 이에 기꺼이 투자하고 있다. 실무에서 구술 커뮤니케이션을 보조하던 글쓰기는 하이브리드 워크 커뮤니케이션의 기본값이 돼 갈 것이다. 지금까지 비즈니스 글쓰기를 단순히 문서의 빈칸을 채워서 상사의 결재 도장을 받는 일 정도로 여겼다면 이제부터 생각을 바꾸도록 하자. 다음 장부터는 비즈니스 문해력을 어떻게 개발하고 활용할지에 관한 이야기를 해보도록 하겠다.

---

* "동영상 시대, 글쓰기 강좌 5배 늘었다", 《조선일보》, 2022. 01. 24.

PART 2

비즈니스 문해력을
갖추는 비법

4

메신저는 메신저처럼 쓰면 안 된다

장

내가 무슨 말을 했느냐가 아니라 상대방이 무슨 말을 들었느냐가 중요하다.

경영학자 피터 F. 드러커

협업용 메신저 시장은 코로나19 범유행 이후로 급부상한 대표적 산업이다. 미국 시장조사업체 마켓앤마케츠에 따르면 2020년 310억 달러(37조원) 규모였던 협업용 메신저 시장 규모는 연평균 12.7%씩 성장 중이며 2026년에는 858억달러(103조원)에 달할 것이다. 재택근무가 늘어나면서 이들의 성장세는 급속도로 상승했다. 협업용 메신저의 강자였던 슬랙과 마이크로소프트의 팀즈 외에도 구글, 드롭박스, 노션 등은 시장을 두고 치열하게 경쟁하고 있다. 국내 업체로는 스타트업 기업에서 내놓은 토스랩의 잔디, 마드라스체크의 플로우 등과 대형 IT업체에서 선보인 네이버의 라인웍스, NHN의 토스트 워크플레이스 등이 있다. 경쟁은 앞으로 더 치열해질 것이다.

비대면의 공백, 협업용 메신저가 메운다

코로나19 이전의 비즈니스 커뮤니케이션은 이메일과 사내 메신저를 중심으로 이뤄졌었다. 하지만 2가지 방식은 모두 치명적인 단점이 있었다. 우선 이메일은 형식적이다. 그만큼 신경 써야 할 것이 많다는 뜻이다. 이메일은 대표적 비동기 커뮤니케이션 채널인 만큼 신속성과 거리가 멀다. 사내 메신저는 어떨까? 외부와 커뮤니케이션을 할 수 없다는 문제가 있다. 2010년대 중반엔 사내 메신저의 대안으로 카카오톡 같은 개인용 메신저가 사용되기도 했다. 하지만 이 또한 문제가 많았다. 회사 입장에서는 보안 문제가 심각했다. 이들은 사내 기밀들이 개인용 메신저를 통해 외부로 새 나갈 위험을 무시할 수 없었다. 직원 입장으로서는 사적인 대화, 광고 등이 혼재된 개인용 메신저로 업무를 하기엔 여러 가지 문제가 있었다. 직원들은 개인용 메신저를 통해서 업무에 집중하기 쉽지 않았고 사생활과 업무의 경계가 사라진다는 문제에 직면했다.

협업용 메신저는 이메일과 사내 메신저의 단점을 보완하면서 코로나19 이후로 발생한 커뮤니케이션의 공백을 메워갔다. 직원들은 클라우드 기반으로 운영되는 협업용 메신저를 통해 파일 공유 등의 커뮤니케이션도 손쉽게 해결해갔고 외부 커뮤니케이션도 별 무리 없이 진행해갔다. 보안 문제에 대해서도 협업용 메신저가 개인용 메신저보다 더 나았다. 대표적인 협업용 메신저인 팀즈의 활성 사용자 수는 2019년 11월 2천만 명에서 2020년 4월 7,500만 명을 넘어선 데 이어 2020년 10월에는 1억 명을 돌파했다.

협업용 메신저, 슬기롭게 사용하기

당신은 지금 휴가 중이고 업무와 관련된 사소한 대화에서 해방되길 원한다고 가정해보자. 만약 협업용 메신저가 사내 커뮤니케이션 채널로 이용돼 왔다면 그걸 끄는 것만으로 업무에서 벗어날 수 있을 것이다. 협업용 메신저의 큰 장점이다. 이것 말고도 많다. 대부분의 협업용 메신저는 한 번 공유된 파일은 만료 기간 없이 영구적으로 내려받을 수 있으며, 새로운 멤버가 초대된다고 해도 해당 방에서 이전 대화를 살펴보면서 업무를 파악하기 용이한 구조로 설계됐다. 그리고 이메일과 달리 의견을 일상 대화처럼 가볍게 전달할 수 있어서 부담이 없고 대화 상대가 접속했다면 빠른 피드백을 요청할 수 있다.

하지만 협업용 메신저에도 한계는 있다. 메신저라는 속성은 말하기에 가까우므로 이를 통해 마냥 편하게 대화하면 중요한 내용이나 맥락을 놓치고 오해를 만들기 쉽다. 협업용 메신저를 슬기롭게 사용하려면 어떻게 해야 할까? 다음 내용들은 협업용 메신저를 사용하기 전에 알아둬야 할 것들이다.

'비동기 커뮤니케이션'을 이해하라

다음은 협업용 메신저에서 자주 오가는 대화다. 직장인들은 협업용 메신저가 비동기 커뮤니케이션을 전제로 한다는 것을 종종 잊는다. 그래서 내가 메신저를 보냈으면 상대도 즉각적으로 회신을 줄 거

> **A**
> 과장님, 오늘 오전에 팀장님이 지시하신
> 보고서 초안 검토 부탁드립니다!

> **B**
> 네, 고생했어요.

——————— (1시간 후) ———————

> **A**
> 과장님, 혹시 검토 끝나셨나요?

——————— (30분 후) ———————

> **B**
> 아 미안해요, 지금 볼게요.

> **A**
> 네 T.T

라는 착각에 빠지곤 한다. 앞선 사례처럼 말이다. 좀 더 구체적으로 상상해보자. A는 자신의 요청에 B가 바로 답할 것이라고 기대하며 수시로 메신저를 확인했다. 하지만 B는 다른 업무를 하느라 A의 요청을 나중으로 미뤘다. A는 대략 1시간을 기다렸지만 B의 답변을 받지 못했다. 결국 A는 그동안 다른 일에 제대로 집중할 수 없었다. 시간만 날리고 말았다. 근데 그게 B의 잘못이라고 할 수 있을까?

A는 이 상황에 대해 B를 탓하기는 힘들다. B에게도 우선순위가 있었을 것이다. B는 갑자기 업무를 요청받았다. 그가 원래 하던 일보다 A의 요청을 빨리 처리해야 할 이유는 없다. B는 그럴 여유가 없었거나 미처 메시지 알림을 보지 못하는 상황에 처했을 수도 있다. 변수는 많다. 그리고 B가 모든 메신저 알림에 바로 대답하다가 그의 일을 못하는 것도 문제일 것이다.

협업용 메신저는 비동기 커뮤니케이션을 기반으로 한다. 상대방의 업무 스타일에 따라 내가 메신저로 말 걸면 바로 응답해주는 사람도 있지만 길게는 며칠이 걸리는 사람도 있다. 우리는 이것만 기억해도 메신저로 업무가 혼잡해지는 일은 예방할 수 있을 것이다. 필자는 일하는 모두가 이걸 기억했으면 한다. 만약 A가 이 원리를 잘 이해했다면 어땠을까? A는 즉각적인 답변을 기대하지 않았을 것이고 대신 그 시간에 다른 업무를 하면서 B의 답변을 기다렸을 것이다. 그리고 시간도 효율적으로 사용할 수 있었을 것이다.

구체적인 정보를 담아서 전달하라

협업용 메신저는 구체적인 정보를 담아야 한다. 애매하게 요청이나 공지 메시지를 보내면 상대방과 커뮤니케이션이 어려워진다. 만약 당신이 누군가에게 메시지를 보낸다고 해보자. 상대방은 당신의 메시지를 읽고 추가 질문을 할 필요가 없어야 한다. 그 정도로 상세하게 써야 한다는 의미다. 협업용 메신저에서 질문과 답변을 주고받다 보면 대기시간이 생각보다 길어질 수도 있다. (당신이 정말 급한 일을 처리해야 한다면 그건 전화로 하는 편이 낫다.*)

만약 대기시간을 줄이고 싶다면 상대에게 연락하기 전에 당신의 메시지에 최소한 다음 3가지 정보가 담겼는지 확인해보자.

첫째, 요청하는 바를 확실히 있는가? (목적)

둘째, 마감 기한을 기재했는가? (기간)

셋째, 이걸 왜 하는가? (배경)

우선 목적과 배경에 관해 이야기한다. 상대가 당신의 보고서를 검토해준다고 하면 당신은 어떤 부분을 중점적으로 봐주면 좋을지, 내가 생각할 때 부족해 보이는 부분은 어떤 건지 등을 메신저에 상세하게 서술하는 편이 좋다. 그리고 상대방에게 왜 검토를 요청하는지 밝히는 노력도 필요하다. "왜 이 일을 내게 부탁하는가?"에 대한 명확한

---

* Ron Friedman, "5 Things High-Performing Teams Do Differently", 《Harvard Business Review》, 2021. 10. 21.

이유가 없다면 상대는 부탁을 자신의 업무로 인식하지 않아 우선순위에서 배제해버릴 것이다. 다시 강조한다. 당신이 왜 상대방에게 이 일을 요청하는지 꼭 설명하도록 하자.

다음은 기간이다. 우리는 데드라인을 명시하지 않는 실수를 자주 범한다. 특히 메신저를 사용하면 더 그렇다. 앞선 사례처럼 단순히 당신이 "보고서 검토 부탁드립니다"라고 했다면 상대방은 "할 일 끝나고 시간 날 때 검토해야지"라고 무의식적으로 생각하기 쉽다. 하지만 "오후 3시까지 보고서 검토를 부탁드립니다"라고 정확한 기한을 주면 상대방은 그 기한까지 처리해줘야 한다는 의무감을 갖게 된다. 그는 당신의 요청을 먼저 처리하거나 그렇게 하지 못한다면 그 이유를 설명했을 것이다.

다음은 앞선 대화에 3가지 정보, 즉 목적, 기간, 배경을 적용해본 것이다. 기본 정보만 적절히 담겨도 훨씬 명확한 커뮤니케이션이 된다.

'머레이비언 법칙'을 기억하라

미국 UCLA대학교 심리학과 교수인 앨버트 머레이비언은 자신의 저서에서 비언어 커뮤니케이션의 중요성을 과학적 수치로 설명하며, 그걸 머레이비언 법칙이라고 말했다. 그에 따르면 상대방의 인상을 결정하는 일에 언어의 담당 비율은 고작 7%다. 나머지 93%는 비언어적 요소인 청각 38%, 시각 55%가 결정한다. 비언어적 요소인 목소리톤, 음색, 몸짓, 복장, 인상 등이 말보다 더 강력한 커뮤니케이션 수단이라는 것이다.

협업용 메신저에는 상대방의 인상을 결정하는 93%의 비언어적 요소가 없다. 협업용 메신저에서는 문자에 담긴 7%의 뉘앙스만으로 인상을 결정해야 한다. 그리고 문제는 또 있다. 협업용 메신저는 개인용 메신저에 비해 사용자 사이의 유대감이 부족하다. 일로 만난 사이인 만큼 상대방은 자신의 성격이나 특성을 쉽게 드러내지 않아 정확히 말하지 않으면 의도를 오해할 수 있다.

그러니 메시지의 어조를 더욱 유의해야 한다. 협업용 메신저에서는 상대의 비언어적 표현을 확인할 수 없기에 어조는 대화의 전반적인 느낌을 좌우한다. 사소한 꼼꼼함이 크고 작은 오해를 줄여주는 것이다. K 프로의 사례를 살펴보면 이를 알 수 있다.

기획팀에 근무하고 있는 K 프로는 새로운 사업 기획 담당자다. 그는 신규 프로젝트 킥오프를 위해 각 부서 담당자에게 화상회의 참석을 요청하고자 한다. 미팅 대상자는 주로 각 팀의 실무자들이다. 그들 중에는 직급이 낮은 동료나 후배 직원들도 있고, 또 일부 자신보다 직급이 높은 선배도 있다. 그런데 최근 회사에서 직급을 없애고 모두 프로로 통일하니 메신저에 노출된 정보만으로는 상대의 직급과 같은 정보를 알기 어려워졌다. 그래서 K 프로는 수신자의 연차는 고려하지 않고 최대한 사무적으로 다음과 같이 메시지를 보냈다. 이 메시지를 받은 실무자들은 어떻게 반응했을까?

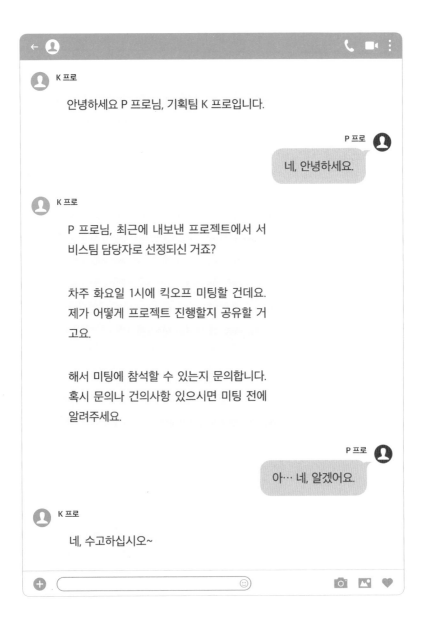

K 프로

안녕하세요 P 프로님, 기획팀 K 프로입니다.

P 프로

네, 안녕하세요.

K 프로

P 프로님, 최근에 내보낸 프로젝트에서 서비스팀 담당자로 선정되신 거죠?

차주 화요일 1시에 킥오프 미팅할 건데요. 제가 어떻게 프로젝트 진행할지 공유할 거고요.

해서 미팅에 참석할 수 있는지 문의합니다. 혹시 문의나 건의사항 있으시면 미팅 전에 알려주세요.

P 프로

아… 네, 알겠어요.

K 프로

네, 수고하십시오~

K 프로는 팀 선배로부터 이에 대해 충고를 들었다. 인접 부서에 업무 협조할 때 어조나 톤을 주의해서 메시지를 전달하라는 것이었다. K 프로는 당황했다. 물론 입사연도에 따라 선후배가 있긴 하다. 하지만 회사가 직급을 프로로 통일한 이상 직책이 같은데 굳이 저자세로 메신저를 보내야 할 필요성이 있을지 의문이 들었다. '업무를 위한 커뮤니케이션인데 메시지만 잘 전달되면 그만이지 않나?'라는 생각도 했다.

K 프로는 사무적으로 대화했을 뿐인데 상사는 왜 그를 못마땅해했던 걸까? 당신이 보기엔 어떤가? 물론 "아, 그 선배 참 꼰대네"라고 생각할 수도 있을 것이다. 하지만 회사가 직급을 없앴다고 해도 여전히 조직에는 보이지 않는 상하 관계가 있다. 아무리 조직문화를 바꾸겠다고 회사가 선언해도 먼저 입사한 선배들의 인식이나 문화가 하루아침에 변하진 않는다.

그렇기에 비대면 상황에서는 직접 얼굴을 맞대고 하는 대화보다 조금 더 격식을 갖춰야 하며 상대에게 더 친절하게 전후 사정을 이야기해야 한다. 직급과 호칭의 변화를 준 회사에서도 마찬가지다. 다음은 수정된 내용이다.

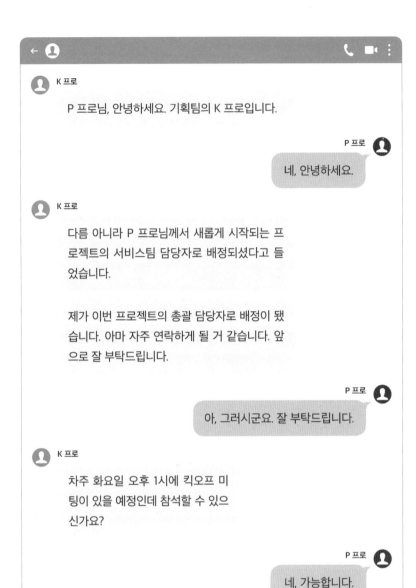

K 프로

P 프로님, 안녕하세요. 기획팀의 K 프로입니다.

P 프로

네, 안녕하세요.

K 프로

다름 아니라 P 프로님께서 새롭게 시작되는 프로젝트의 서비스팀 담당자로 배정되셨다고 들었습니다.

제가 이번 프로젝트의 총괄 담당자로 배정이 됐습니다. 아마 자주 연락하게 될 거 같습니다. 앞으로 잘 부탁드립니다.

P 프로

아, 그러시군요. 잘 부탁드립니다.

K 프로

차주 화요일 오후 1시에 킥오프 미팅이 있을 예정인데 참석할 수 있으신가요?

P 프로

네, 가능합니다.

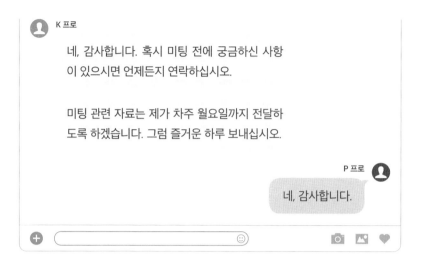

앞선 내용보다 조금 더 상대방을 배려한다는 느낌의 메시지가 전달됐다. 93%의 비언어적 요소가 없는 메신저에서는 7%의 언어적 요소만 읽히기에 사소한 뉘앙스만으로도 상대방의 기분을 상하게 할 수 있다. 이게 당신이 협업용 메신저를 사용하고 있다면 상대에 맞춰서 어조나 내용이 달라야 하는 이유다. 조금 번거롭더라도 말이다. 상대의 직급이나 배경을 모를 경우라면 더욱 주의하는 세심함을 기르는 편이 지혜롭다.

메신저는 공식적인 글이다

우리는 일상에서 개인용 메신저를 많이 이용하는 것처럼 협업용 메신저도 그리 어렵지 않게 주고받는다. 회사에서도 전화나 이메일보다 협업용 메신저를 더 빈번하게 사용하는 추세다. 그런데 고민해

볼 것이 있다. 협업용 메신저를 개인용 메신저처럼 가볍게 사용해도 좋을까? 답은 '안 된다'이다. 조금이라도 사회생활을 해본 적 있다면 알 것이다. 회사는 아무리 편해도 '회사'다. 적정선을 잘못 넘으면 항상 문제가 생긴다.

우리는 협업용 메신저가 전화로 이야기하거나 직접 만날 만큼 긴박하지는 않지만 이메일보다 빠른 피드백이 필요할 때 쓰는 '업무용' 커뮤니케이션 채널이라는 것을 잊지 말아야 한다. 사적인 이야기가 아닌 업무를 주고받는 곳이라는 뜻이다.

그럼에도 불구하고 협업용 메신저는 이메일보다 친숙한 건 사실이다. 직접적인 예로 이메일에서 문어체를 쓰지만 메신저에서는 구어체를 사용한다. 우리는 메신저를 사용하다가 상대방과 실제로 대화하는 것 같다는 착각에 빠진다. 가끔은 'ㅎㅎㅎ'를 섞어가면서 이런저런 이야기를 쓸데없이 털어놓는다. 하지만 우리는 메신저에 글을 '남긴다'는 사실을 기억해야 한다. 무심코 내뱉은 말이 메신저에 영구 박제가 되고 언제라도 문제가 될 수도 있다. 결국 문자로 남긴다는 건 기록한다는 뜻이고 기록된다는 건 누군가 볼 수 있다는 말과 같다. 당연하다. 협업용 메신저는 본래 공식적인 커뮤니케이션 채널이다. 사적인 이야기를 하거나 누군가의 뒷담화를 즐기라고 만들진 않았다. 욱하는 감정에 휩쓸려 협업용 메신저에 아무 말이나 남겨뒀다가 수습하기 힘든 상황이 벌어진다면? 곤란한 건 당신일 것이다.

협업용 메신저는 이메일을 쓰듯이 사용해야 한다. 사생활이나 뒷담화는 피하고 상대에게 필요한 정보와 요청을 구체적으로 작성해서 커뮤니케이션을 명확히 하는 걸로 충분하다. 협업용 메신저에서도 비즈니스 매너는 필수다.

◆ 협업용 메신저, 잘 쓰려면 이것만은 꼭! ─────────────

구분	체크포인트	
협업용 메신저 사용법	메신저의 기본이 비동기 커뮤니케이션라는 것을 이해하고 있는가?	☐
	추가 질문이 생기지 않을 정도로 구체적인 정보를 담아서 메신저를 작성하고 있는가?	☐
	머레이비언 법칙을 인지하고 상대에게 맥락을 잘 전달하고 있는가?	☐
	메시지에 상대방이 거슬릴 만한 말이나 어조를 배제했는가?	☐
	이메일에서 쓰는 공식적인 글처럼 전달했는가?	☐

5

이메일은 깔끔하고 센스 있게 잘 써야 한다

> 회의, 통화, 이메일은 관리하지 않으면 전체 일과를 조각내서
> 원대한 생각을 할 시간을 주지 않는다. 필요 없는 회의는 취소하라.
> 이메일은 하루에 2~3번만 확인하라.
> 펜실베이니아대학교 와튼스쿨 마케팅학 교수 조나 버거

코로나19 이전, 이메일은 생산성이 떨어진다는 평이 대다수였다. 직장인들이 이메일을 읽고 답하는데 시간을 과하게 쓴다는 리서치가 줄줄이 나왔고 대체로 협업툴도 다양하게 상용화됐다. 지금은 어떨까? 바이러스가 커뮤니케이션의 단절을 가져왔다. 비동기 커뮤니케이션의 중요성이 높아졌고 하이브리드 워크 시대가 도래했다. 즉각적으로 업무를 주고받는 '상시 접속 문화Culture of connectivity'와는 거리가 멀다 평가받았던 이메일은 이 시대에 꼭 사용해야 하는 커뮤니케이션 채널이 됐다.

상시 접속 문화에 익숙한 우리는 이메일을 받으면 바로 읽고 회신해야 한다는 심리적 압박을 느끼는 경우가 많다. 하버드대학교 경영

대학원 레슬리 펄로Leslie Perlow 교수가 조사한 바에 따르면 직장인들은 이메일을 빠르게 확인하고 답하는 것이 중요하다는 믿음을 갖고 사무실 밖에서도 이메일을 확인한다. 주당 20~25시간이나 소모하면서 말이다. 우리는 이메일의 강박에서 벗어나야 한다. 지금 당신이 이메일을 발송해도 상대인 수신자는 여러 상황으로 인해 바로 회신을 주지 않을 수 있다.

《딥 워크》라는 책으로 유명한 칼 뉴포트 조지타운대학교 컴퓨터공학과 조교수는 그의 신간 《하이브 마인드》에서 이메일이나 협업용 메신저 같은 디지털 커뮤니케이션 도구에서 오가는 비체계적인 메시지와 지속적인 대화를 중심축으로 하는 업무를 '하이브 마인드 활동과잉Hyperactive hivemind'이라고 명명하면서 이를 없애기 위해 최소한의 업무 체계를 만들 것을 제안했다. 그는 책을 통해 다음과 같이 말했다. 직원들은 커뮤니케이션에 할애하는 시간을 정해야 한다. 이는 각자 다른 시간대에 일하는 직원들과 원만한 유대감을 쌓기 위해서다.

서로의 시간을 아끼기 위해 고려할 것

이메일은 메신저에 비해 답변이 오래 걸리는 편이다. 그만큼 수신자와 발신자 사이의 시간을 절약할 수 있는 커뮤니케이션을 해야 한다. 발신자가 수신자의 시간을 아껴주는 이메일을 보낼수록 그 자신의 업무 속도도 빨라질 것이다. 다음은 이메일을 보내기 전에 고려해야 할 것들이다.

- "이 이야기를 꼭 이메일로 전해야 할까?"라는 고민을 해본다. 전화나 화상회의 같은 채널이 더 효과적일 수도 있다.[*]
- 이메일은 간결하고 체계적으로 쓴다. 본문에 질문이 무엇이고 승인에 필요한 요청은 무엇이며, 전달하고 싶은 정보가 무엇인지 정확히 명시한다.
- 전송 버튼을 누르기 전에 수신자 목록을 집중해서 잘 선택한다. 수신자 모두가 목록에 있어야 할지 살펴보고 불필요한 사람은 삭제한다.

추가로 4가지를 더 명심하는 것이 좋다. 첫째, 복잡하거나 어려운 내용은 최대한 쉽게 쓰도록 하자. 그게 힘들다면 이메일 말고 다른 수단을 활용하는 것이 좋다. 읽고 이해하는 데 시간을 보내야 할 정도의 내용이라면, 수신자는 그걸 확인하느라 불필요한 시간을 허비하게 될 것이다. 비동기 커뮤니케이션 상황에서는 수신자를 배려한 커뮤니케이션이 중요하다.

둘째, 숨은 참조를 적절히 활용한다. 일하다 보면 커뮤니케이션의 중심에 있는 실무자는 아니지만 프로젝트의 맥락을 살피고 있어야 하는 수신자들이 있다. 그들을 위해 숨은 참조를 적극적으로 활용하

---

[*] Adaira Landry and Resa E. Lewiss, "What a Compassionate Email Culture Looks Like", 《Harvard Business Review》, 2021. 3. 16.

길 권한다. 숨은 참조만으로, 대화가 불필요하게 확장되거나 주제를 벗어날 가능성이 적어진다. 단체로 논의할 일은 전체 회의를 통해 해결하는 편이 좋다.

세 번째, 타이밍에 유념한다. 우리는 발신 타이밍이 수신자의 근무시간과 일치하도록 최선을 다하는 노력이 필요하다. 당신이 일하는 중이라고 늦은 저녁이나 이른 아침에 이메일을 보내면 어떨까? 이는 수신자의 주의를 끌 것이고 그에게 부담이 될 것이다.

네 번째, 이메일 보조 응용프로그램인 오피스 플러그인을 사용하는 것도 업무 효율성을 높여준다. 이런 도구를 이용해서 금요일 일과 후에도 이메일을 작성하고 월요일 아침에 발송되도록 지정할 수 있다. 비동기 커뮤니케이션의 특성상 발신자와 수신자의 근무시간이 다를 경우가 빈번하므로 이런 보조 프로그램을 써서 더욱 원활한 커뮤니케이션과 협업을 진행해야 한다. 또한 MS아웃룩에서 제공하지 않는 대용량 파일 첨부와 보안을 고려한 다운로드 기간 설정이 가능해서 보다 효율적인 업무가 가능해진다.

이메일, 잘 쓰기 위한 원칙이 있다

2017년, 서던캘리포니아대학교 총장이던 C.L. 맥스 니키아스C.L. Max Nikias는《월스트리트저널》에 이메일에 관한 사설을 하나 실었다.

"리더가 된다는 것은 조직을 의미 있는 방향으로 이끄는 것이다. 하지만 이메일은 리더가 주도적으로 혹은 오랜 기간에 걸쳐 실질적인 가치 성과를 내지 못하게 막는다."

그는 이를 통해 총장으로 일하면서 하루 300여 통의 이메일을 받는 고충을 토로하며 이메일이 리더 역할에 충실하고 성과를 내는 일에 집중하는 걸 막는다고 했다. 그리고 이메일의 분량을 조절하길 권했다. 평균적인 문자메시지의 분량 이상이 되지 않도록 간략하게 작성하는 게 바람직하다면서 말이다. 일하다 보면 하루에도 수십 통의 이메일을 받는다. 목적도 가지각색이다. 협조문, 공지사항, 보고서…. 팀장도 마찬가지다. 다양한 루트를 통해 많은 정보를 주고받는다. 앞서 말했듯이 하이브리드 워크에 진입하면서 이메일로 정보를 주고받는 경우가 많아졌다. 우리는 이전보다 더 간결하고 논리적인 이메일을 써야만 한다.

1 | 글은 말과 다르다

사람들은 대부분 말하듯이 비즈니스 이메일을 작성한다. 하지만 글은 말이 아니다. 말은 의식의 흐름에 따라 자연스럽게 이어가도 큰 문제가 생기지 않는다. 말을 잘못했다면 바로 정정하면 그만이다. 그리고 말을 할 때는 보디랭귀지를 통해 화자의 뉘앙스도 파악할 수 있다. 청자도 화자의 의도를 파악하기 쉽다. 하지만 글은 말과 다르다. 이메일은 작성자의 손을 떠나면 뉘앙스 없이 문자 자체로만 전달되며 그 이야기들을 주워 담기 어렵다. 물론 시스템에 따라서는 회수 기능이 있긴 하지만 이 또한 상대가 먼저 읽으면 그만이다. 그렇기에 글은 전체 맥락과 앞뒤의 연결문 등을 총괄적으로 꼼꼼히 봐야 한다.

2 | 당신의 독자는 누구인가?

원격근무 중이라고 가정해보자. 당신에겐 다급한 일이 있고 상사의 빠른 승인이 필요하다. 일분일초가 급한 당신은 곧바로 이메일을 작성해서 상사에게 재빨리 보냈을 것이다. 당신의 상사가 이메일에 바로 답변할 것이라 믿으면서 말이다. 여기엔 문제가 있다. 담당자에게는 자신의 일이 제일 중요하며 가장 먼저 해결해야 할 과제일 것이다. 하지만 상사도 그럴까?

앞선 니키아스 총장의 사례를 보면 답이 나온다. 상사들은 하루에 적게는 수십 통에서, 많게는 수백 통의 이메일을 받는다. 당신이 보내는 이메일도 그에게는 승인할 내용 중 하나에 불과하다. 상사에게는 그만의 우선순위가 있을 것이며 그에 맞춰서 내용을 살펴보는 건 지당한 일이다. 수많은 과정을 거쳐서 상사가 겨우 이메일을 열었는데 쓸데없는 말로 가득하다면 그는 이메일을 쓱 보고 다른 업무로 넘어갈 것이다.

이메일은 짧은 보고서를 제출하는 것과 같다. 하지만 이메일을 위한 짧은 보고서를 작성하는 건 어렵다. 일의 맥락은 너무나도 다양하기에 딱 잘라서 핵심을 요약하면 내용이 부실해지는 경우가 많기 때문이다. 필자는 수신자에게 보낼 이메일을 쓰기 전에 그가 궁금해할 만한 질문을 정리하길 추천한다. 질문지를 작성하면 내용의 누락을 방지할 수 있을 것이다. 수신자가 듣고 싶고, 관심 있을 법한 내용 위주로 이메일을 간결하게 작성할 수 있도록 하자. 필자는 그를 위한 체크리스트를 먼저 제안해본다.

◆ 이메일의 목적을 확실히 하기 위한 체크리스트

☐ 수신자가 관심을 가질 만한 사항은 무엇인가?

☐ 수신자는 어떤 내용을 더욱 자세히 알고자 할 것인가?

☐ 그간 강조했던 사항들은 무엇이며, 이메일에 반드시 포함해야 할 사항은 무엇인가?

☐ 당신의 이메일에 논리와 근거가 명확히 있는가?

☐ 수신자에게 의사 결정 관련해서 요청할 사항이 있는가?
   (ex. 다른 팀과 협조할 사항)

☐ 예상되는 이슈는 무엇인가? 이를 통해 얻을 수 있는 것은 무엇인가?

☐ 향후 과제가 있다면 구체적인 계획(일정)은 어떻게 되는가?

체크리스트를 바탕으로 질문지를 작성했는가? 그렇다면 당신이 이메일을 통해 수신자에게 전하고자 하는 바가 드러날 것이다. 그리고 작성한 질문지를 바탕으로 What(하고 싶은 말)-Why(왜 이 일을 해야 하는지)-How(어떻게 할 건지) 프레임으로 나누면 이메일의 목적이 더 확실해진다. 이 프로세스만 잘 따르면 누구나 이메일을 잘 쓸 수 있을 것이다. 사례로 살펴보자.

그냥 오프라인으로 보고하면 안 되나요?

A팀은 팀원의 절반 정도가 재택근무를 한다. 그 대신에 매일 아침에 화상회의를 진행하면서 서로가 담당한 주요 이슈들을 공유하고 있다. 다음 대화는 아침 회의의 한 장면이다.

A 팀장 B 매니저님, 어제 새로운 마케팅 콘텐츠 개발 건으로 외주사와 미팅한다고 했죠? 그거 어떻게 진행되고 있나요?

B 매니저 아, 네. 팀장님, 안 그래도 그 건은 정리해서 이메일로 보고 하려고 했습니다. 그런데 어제 미팅이 늦게 끝나서 정리를 못 했습니다. 일단 프로젝트 일정은 계획대로 진행됩니다. 저희가 먼저 기획팀에서 상품 정보를 받고 내용을 스토리보드 형태로 정리해 전달하기로 했습니다. 예산하고 일정이 이슈일 것 같습니다. 저희가 스토리보드 초안을 작성하고 상품팀하고 다시 논의해봐야 할 것 같고요. 아무래도 정확한 확인이 중요합니다.

A 팀장 알겠어요. 다른 팀원들은 뭐 특별한 이슈 있나요?

팀원 일동 이슈 없습니다.

A 팀장 재택근무라서 우리 같이 얼굴 보고 일한 지도 꽤 됐습니다. 다른 건 괜찮은데 진행 관련 보고는 늦지 않았으면 합니다. B 매니저님은 내용을 다시 정리해서 나한테 이메일로 보고해주세요. 신상품 런칭 전에 사업 부장님께도 내용을 보고드려야 하니까요.

B 매니저 네, 알겠습니다. 팀장님.

화상회의가 마치고 몇 시간이 지났다. A 팀장에게 B 매니저가 보낸 이메일이 도착했다. A 팀장은 이메일을 열고 한숨부터 내쉬었다. 앞서 구두로 보고한 내용과 다를 바 없었다. 내용은 전혀 정리가 안 됐다. 맞춤법도 엉망이었다. B 매니저가 A 팀장에게 보낸 이메일은 다음과 같다. A 팀장은 이걸 어디에서부터 지적해야 할지 막막했다.

◆ B 매니저의 이메일

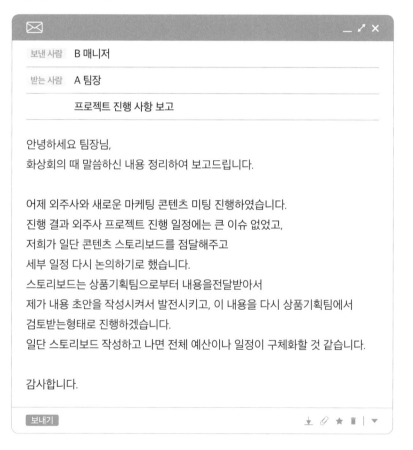

보낸 사람 **B 매니저**

받는 사람 **A 팀장**

프로젝트 진행 사항 보고

안녕하세요 팀장님,
화상회의 때 말씀하신 내용 정리하여 보고드립니다.

어제 외주사와 새로운 마케팅 콘텐츠 미팅 진행하였습니다.
진행 결과 외주사 프로젝트 진행 일정에는 큰 이슈 없었고,
저희가 일단 콘텐츠 스토리보드를 점달해주고
세부 일정 다시 논의하기로 했습니다.
스토리보드는 상품기획팀으로부터 내용을전달받아서
제가 내용 초안을 작성시켜서 발전시키고, 이 내용을 다시 상품기획팀에서
검토받는형태로 진행하겠습니다.
일단 스토리보드 작성하고 나면 전체 예산이나 일정이 구체화할 것 같습니다.

감사합니다.

보내기

B 매니저는 어떻게 썼어야 했을까? B 매니저의 이메일을 앞에서 언급한 방법으로 정리해보자.

우선 A 팀장이 보고하라고 한 내용은 마케팅 콘텐츠의 진행 계획이다. A 팀장이 궁금해할 내용을 먼저 생각해보면 업무 현황과 개발상의 예상되는 이슈, 이를 통한 기대 효과, 그리고 일정일 것이다.

이를 바탕으로 여기에 What-Why-How 프레임을 적용해 메시지를 작성하도록 한다. 여기에 의사 결정권자의 의견이 필요한 타 팀과의 협조 등은 따로 정리하면 좋다. 의사 결정권자인 A 팀장이 내용을 흘려보내지 않도록 하기 위함이다.

시각적인 부분도 놓치지 말자. 이메일의 구조도 가독성에 상당한 영향을 끼친다. B 매니저의 이메일을 읽기 힘든 이유는 글을 말하듯이 썼기 때문이다. 기존의 이메일은 단락 구분조차 안 돼서 글이 아니라 까만 뭉텅이처럼 보인다. 이메일의 단락을 나누고 구조에 신경 써야 한다. 여기까지 하면 팀장도 만족할 만한 이메일 작성이 마무리될 것이다.

팀장은 한 줄 한 줄 읽어야 하고 내용 정리도 안 된 B 매니저의 이메일을 보며 짜증을 삼켰을 것이다. B 매니저가 가독성을 고려해 예시와 같이 단락을 구분하고 내용 정리에 신경을 썼다면 A 팀장에게 안 좋은 평가를 받을 이유가 없었다.

◆ **What-Why-How 프레임으로 정리한 B 매니저의 이메일**

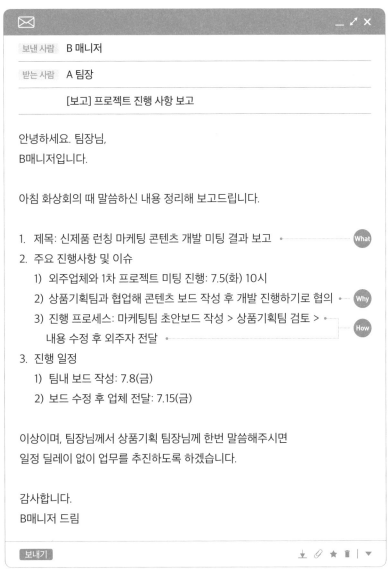

✉   _ ↗ ✕

보낸 사람   B 매니저

받는 사람   A 팀장

[보고] 프로젝트 진행 사항 보고

안녕하세요. 팀장님,
B매니저입니다.

아침 화상회의 때 말씀하신 내용 정리해 보고드립니다.

1. 제목: 신제품 런칭 마케팅 콘텐츠 개발 미팅 결과 보고 •⋯⋯⋯⋯ **What**
2. 주요 진행사항 및 이슈
   1) 외주업체와 1차 프로젝트 미팅 진행: 7.5(화) 10시
   2) 상품기획팀과 협업해 콘텐츠 보드 작성 후 개발 진행하기로 협의 •⋯ **Why**
   3) 진행 프로세스: 마케팅팀 초안보드 작성 > 상품기획팀 검토 >•⋯⋯
      내용 수정 후 외주자 전달 •⋯⋯⋯⋯⋯⋯⋯⋯⋯⋯⋯⋯⋯⋯ **How**
3. 진행 일정
   1) 팀내 보드 작성: 7.8(금)
   2) 보드 수정 후 업체 전달: 7.15(금)

이상이며, 팀장님께서 상품기획 팀장님께 한번 말씀해주시면
일정 딜레이 없이 업무를 추진하도록 하겠습니다.

감사합니다.
B매니저 드림

보내기   ↓ ⌀ ★ 🗑 | ▼

What-Why-How 프레임을 적용하면 프로젝트의 목적과 업무 현황, 그리고 향후 계획들이 더 간결하게 정리된다. 수신자는 잘 정리된 이메일을 통해 주요 요점을 한눈에 파악할 수 있다.

3 | 잘 쓴 제목으로 효율성을 높여라

잘 쓴 제목은 명확하다. 친절한 인상을 남기기 위해 제목에 형식적인 말을 쓸 필요는 없다. 그런 꾸민 말이 업무를 효율적으로 만들어주진 않는다. 글의 목적, 내용은 단도직입적으로 이야기하는 게 현명하다. 제목이 문장일 필요도 없다. 간결하게 정리된 요약형 제목이 오히려 업무 처리가 깔끔하다는 인상을 준다. 제목의 맨 앞에 [회의록], [보고], [공지], [요청]과 같이 이메일의 목적을 밝혀줘도 좋다. 이 작은 구분은 생각보다 커뮤니케이션에 걸리는 시간을 절약해준다. 다음 예시를 통해 알아보자.

제목 1. 안녕하세요, 마케팅팀 B 매니저입니다

제목 2. [보고] 마케팅 콘텐츠 프로젝트 관련 진행의 건

당신은 '제목 1'을 보고 발신자가 어떤 이야기를 할지 예상하기 힘들 것이다. 반면 '제목 2'는 발신자가 업무 현황을 보고하고자 한다는 걸 즉각적으로 알 수 있다. 둘 중 어떤 제목이 업무에 적합하냐고 물으면 당연히 '제목 2'다. 1부에서 이야기한 깃랩의 업무 매뉴얼엔 '제목은 본문의 첫 문장을 복사해 붙여넣는다'라는 내용이 있었다. 이는 제목을 "안녕하세요"로 시작하라는 의미가 아니라 '제목 2'와 같이 도입부에 수신 목적을 요약해서 전달하라는 의도로 쓰였다.

제목을 잘 써야 하는 또 다른 이유로는 검색이 있다. 이메일은 나중에 검색해서 내용을 확인하는 경우가 많다. 제목과 목적이 명확하

게 드러난 이메일은 검색이 쉽다. 반면 그냥 인사말로 이메일 제목이 작성된다면 검색이 번거로워진다. 이는 우리가 모두 한 번쯤 해봤을 불편한 경험이다. 그 순간을 떠올리면서 좋은 제목이 일을 어떻게 효율적으로 만들어주는지 생각해보라. 필자의 주장에 공감하기 쉬울 것이다.

4 | 상대가 이해하기 쉬운 용어로 작성하라

우리는 다른 팀에게 요청할 때 자기 직무에 익숙한 용어로 보내는 실수를 한다. 자신 직무에 익숙한 용어라고, 다른 직무에 있는 사람들에게도 그러리라는 법은 없다. 보통은 업무에 따라 쓰는 용어가 다 다르다. 이를 고려하지 않으면서 커뮤니케이션에 문제가 없길 바라는 건 무리가 있다. 이메일은 정식 보고서와 다르다. 그 목적은 빠르게 정보를 공유하고 업무를 요청하거나 상대에게 질문을 하는 것에 있다. 그렇기에 필자는 이메일에 상대가 이해하기 힘든 용어를 쓰는 건 지양하길 권한다. 낯선 용어는 이메일을 쓴 목적을 흐리기 때문이다. 다음 사례를 보자.

이거 무슨 외계어야?

영업팀에 근무 중인 B 매니저. 그는 마케팅 개선 프로젝트 TF 멤버로 차출됐다. TF는 마케팅팀 주관으로 실적 부진의 대책을 마련하기 위해 구성됐었다. 그런데 회사가 재택근무를 실시하면서 업무의 대부분이 이메일이나 화상회의로 진행됐고, 마케팅팀은 회의할 때마다 마케팅 전문용어들을 자연스럽게 사용했다. 영업팀인 B 매니저는 마케팅팀 멤버들과 커뮤니케이션할 때마다 알아듣기 힘든 용어를 따라가야 했다. B 매니저의 업무에 심각한 문제가 됐다. 다음은 마케팅팀 C 매니저가 B 매니저에게 보낸 이메일이다.

C 매니저가 보낸 이메일에는 마케팅 용어가 가득했다. 이메일에 언급된 DA, SA는 Display Advertising, Search Advertising의 약자다. DA는 포털사이트에 걸리는 배너 광고를 의미하고, SA는 포털사이트의 키워드 광고를 말한다. 그리고 PV, UV는 Page View, Unique Visitor의 약자다. PV는 해당 페이지의 조회 수, UV는 실제 방문 고객 수를 뜻한다. 마지막 CPC, CPM은 Cost per Click, Cost per Mile의 약자다. 둘 다 광고비 책정 방법이다. CPC는 클릭당 광고 비용, CPM은 광고 1천 번 노출 시의 비용을 의미한다. 마케팅팀 내에서 기본 상식이겠지만 전혀 다른 분야, 직무에 근무하는 사람에게는 이 용어들이 외계어처럼 들렸을 것이다. 실제로 그랬다. B 매니저는 문의를 위해 이메일을 다시 보내거나 따로 단어를 찾아보면서 시간을 허비해야 했다. 나중엔 이 문제로 마케팅팀에 항의하기도 했다. 팀 간에는 작은 언쟁이 일어났다. 만약 C 매니저가 B 매니저를 배려해 이해하기 쉬운 용어로 이메일을 작성했다면 어땠을까. B 매니저는 시간을 낭비하지 않았을 것이고, 팀 사이에 얼굴을 붉힐 일도 없었을 것이다.

◆ C 매니저의 이메일

✉   _ ↗ ✕

보낸 사람   C 매니저

받는 사람   B 매니저

[보고] 프로젝트 진행 사항

안녕하세요. 마케팅팀 C매니저입니다.

지난 번 화상회의 때 나온 내용을 제가 확인해봤습니다.
다음과 같은 이슈가 있습니다.
우선 저희가 DA와 SA를 우선적으로 진행하고 있는데요.
GA 분석을 해보니, 랜딩 페이지로 연결되는 PV나 UV도 생각보다
낮은 거 같습니다. 게다가 CPM, CPC도 효율성이 낮게 나왔습니다.

이번에 광고 방식을 개선해야 할 것 같습니다.

관련해 개선 방향에 대한 논의를 진행했으면 합니다.
등록된 스케줄 확인해보니, 다들 금요일 오전에 시간이 비어 계시던데요.
금주 금요일 오전 10시에 시간이 안 되시는 분이 있을까요?

확인 부탁드립니다.

감사합니다.
B매니저 드림

보내기   ↓ ⌯ ★ ▮ | ▼

오하마의 현인 워런 버핏은 미국 증권거래위원회SEC가 펴낸 공시 지침서를 보고 다음과 같이 말했다.

"주식, 펀드 관련 서류에 도무지 뭔 소린지 알 수 없는 대목이 너무 많다. 어떤 건 다 읽어봐도 아무 내용이 없는 거 같다."

투자의 대가인 워런 버핏이 주식, 펀드 내용을 모를 리 없다. 버핏은 앞의 말을 통해 문서에 쓸데없이 전문용어를 남발해가며 어렵게 쓰는 것보다 누구나 알기 쉬운 용어로 핵심을 담는 게 중요하다는 걸 말하고 싶었던 것 같다. 그는 회사 주주들에게 편지를 보낼 때 항상 비전문가인 자기 누이를 독자로 가정하고 작성한다. 워런 버핏이 이렇게 쓰는 이유는 간단하다. 불특정 다수와 막힘 없는 커뮤니케이션을 하기 위해서다.

이메일도 같은 맥락이다. 누구나 알 수 있는 용어로 쉽게 작성돼야 한다.

상대방이 빠르게 당신의 요구를 처리할 수 있도록 말이다. 기억하자. 당신을 유능한 사람으로 만들어 주는 건 전문용어가 아니다. 업무 내용을 깔끔하게 정리해 상대에게 원하는 걸 얻는 능력이다. 재택근무 초반, 어떤 직장인들은 자신이 이메일에 신속하게 답을 해주는 것에 만족감을 느꼈을 것이다. 이메일을 읽고 답해준 것에 불과한데도 그들은 열심히 일했다고 생각했을지도 모르겠다. 하지만 실상은 근무시간을 주도적으로 활용하지 못하고 수동적으로 반응한 것뿐이다.

재택근무가 일상에 스며든 지금, 당신이 그러한 착각을 하고 있다면 생각을 필히 바꿔야 할 것이다. 대신 하이브리드 워크 시대에 맞는 커뮤니케이션 방법과 채널을 선택해 역량을 쌓는 편이 당신에게 이득일 것이다. 이러한 노력으로 인해 커뮤니케이션과 협력이 원활해지면서 당신의 비즈니스도 수월해진다.

◆ 이메일, 잘 쓰려면 이것만은 꼭!

구분	체크포인트	
비동기 커뮤니케이션	실시간 커뮤니케이션을 보완하려는 방법으로서 이메일 활용의 필요성을 인식하고 있는가?	☐
	이메일에 실시간으로 답하고 수동적으로 반응하는 걸 진짜 일하고 있다고 착각하고 있지는 않은가?	☐
에티켓	꼭 필요한 수신자가 지정돼 있는가?	☐
	질문이 무엇이고, 승인이 필요한 부분은 무엇인지, 전달하고자 하는 정보가 무엇인지 명확히 명시했는가?	☐
	숨은 참조를 잘 활용해 내용 공유가 적절히 되도록 했는가?	☐
	상대의 근무시간을 고려해 전송 타이밍을 생각하고 있는가?	☐
스킬	말과 글은 다르다는 점을 인식하고 있나?	☐
	내 관점이 아닌 상대의 관점에서 접근했는가?	☐
	본문의 가독성을 고려하고 있는가?	☐
	제목에 이메일의 목적을 명확히 드러냈는가?	☐
	누구나 이해하기 쉬운 용어로 작성했는가?	☐
	플러그인을 활용해 이메일의 활용도를 높이고 있는가?	☐

보고서는 원리를 생각하며 써야 한다

완벽함이란 더 이상 보탤 것이 남지 않을 때가 아니라
더 이상 뺄 것이 없을 때 완성된다.

프랑스 소설가 생텍쥐페리

보고서는 가장 공식적인 커뮤니케이션 수단이다. 필자는 앞으로 보고서 스킬이 어느 때보다도 중요해지리라 전망한다.

하지만 그 필요성에 비해 우리의 보고서 스킬은 현저히 부족하다. 최근 사람인에서 진행한 '업무 중 보고서 작성 비중과 그에 따른 스트레스' 관련 설문조사*를 보면 직장인은 평균적으로 근무시간의 1/3을 보고서 작성에 할애하고 있다. 직장인의 65.4%는 보고서 작성이 스트레스를 유발한다고 답했다. 스트레스를 받는 이유로는 갑작스러운 보고서 작성 지시(47%), 모르는 내용을 써야 하는 경우(38.4%), 잦은 보고

---

* "직장인, 보고서 스트레스 어느정도?", 《Must News》, 2021. 08. 27.

서 작성으로 인한 시간 부족(35.7%)이 있었다. 직장인이 이런 어려움을 겪는 건 업무를 읽고 쓰는 비즈니스 문해력이 부족하기 때문이다.

문자, 즉 글쓰기를 커뮤니케이션 수단으로 쓰는 일이 많아지면서 기업들은 직원들의 커뮤니케이션 능력이 떨어졌다고 평가한다. 2021년 10월 사람인이 조사한 설문 결과에 따르면, 기업 10곳 중 8곳은 재직 중인 직원들의 문해력에 불만인 것으로 나타났다. 세부적으로는 문서 작성에 불만(65%, 복수응답)이 가장 많았고, 말로 하는 커뮤니케이션에 대한 불만(39.6%)도 상당했다. 문자 기반의 커뮤니케이션(24.6%), 회의·토론(21.9%), 전화 커뮤니케이션(16.5%)에 대한 불만도 제기됐다. 기업들의 경쟁력 저하에 대한 우려도 커졌다.

문자를 바탕으로 하는 커뮤니케이션 중에서 보고서는 특히나 어렵다. 하이브리드 워크 시대의 신입사원들은 더 어렵게 느낄 것이다. 과거의 신입사원들은 회사에 입사하면 기초적인 커뮤니케이션 관련 교육을 받았다. 선배나 상사들은 사무실에서 그들의 미숙한 업무를 짚어줬다. 하지만 코로나19로 인해 집합 교육이 힘들어졌고 선배나 멘토와의 대면 접촉이 사라졌다. 신입사원들은 기초적인 교육 과정을 받지 못하고 업무를 수행해야 하는 어려움에 부닥쳤다. 꼭 신입사원들이 아니더라도 대면 근무를 해왔던 직장인들은 이전과 달라진 커뮤니케이션에 골머리를 썩이고 있다.

빠른 의사 결정과 유연한 업무를 덕목으로 삼던 스타트업도 변화의 조짐이 보인다. 그들도 코로나19로 인해 하이브리드 워크 체제를 도입하지 않을 수 없었고 짧은 문자만 주고받는 협업툴만으로는 해

소할 수 없는 커뮤니케이션의 문제들이 하나둘씩 등장했다.

그게 아니더라도 문서로 만들어진 기록의 부재가 얼마나 큰지 생각하게 됐다. 체계적으로 기록된 문서가 없다는 말은 지금까지 해왔던 일의 노하우가 없다는 말과 같다. 필자들이 컨설팅을 진행했던 국내의 스타트업도 그랬다. 이들의 기업 가치는 수천억 규모로 커졌음에도 내부에 문서로 정리된 자료들이 없었다. 기업을 수천억으로 만들어준 논의사항과 결정사항들은 직원들의 메신저 어딘가를 떠다니고 있을 것이다. 해당 스타트업의 대표는 문제를 돌파하기 위해 보고서 교육과 임직원의 인식 개선 프로젝트를 진행했었다. 당시 나눴던 대화다.

> **필자** 스타트업은 보고서 같은 형식보다는 내용에 더 집중하는 경향이 있는데요. 대표님께서는 왜 문서 작성이 필요하다고 생각하시나요?
>
> **스타트업 대표** 우리 회사는 많은 일을 진행해왔습니다. 그런데 그 내용이 일목요연하게 정리된 문서로 남아있질 않아요. 내용 공유, 기록이 안 되고 있어요. 이전에 했던 일들이 문서로 공유된다면 불필요한 일을 더 줄일 수 있을 것 같아요. 회사가 바쁘게 돌아가다 보니 아직 그런 부분까지 챙기질 못하고 있긴 하지만요.

문서 작업이 비교적 적은 스타트업에서도 비즈니스 문해력이 중요해지는 시대다. 필자는 앞으로 코로나19가 아니더라도 비즈니스 문해력은 업무의 기본 소양이 될 것이라고 본다. 우리는 보고서를 잘 쓰는 능력을 재빨리 터득해야 할 것이다.

반려당하는 보고서를 쓰는 당신에게

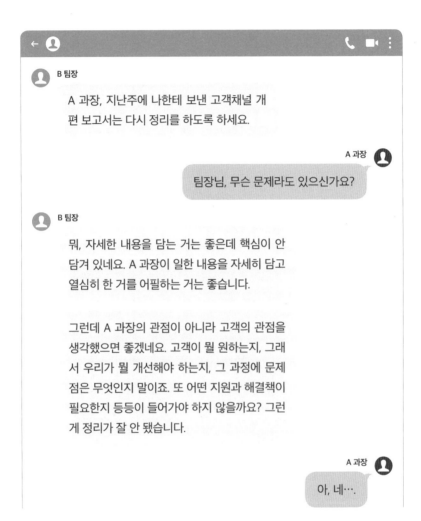

B 팀장

A 과장, 지난주에 나한테 보낸 고객채널 개편 보고서는 다시 정리를 하도록 하세요.

A 과장

팀장님, 무슨 문제라도 있으신가요?

B 팀장

뭐, 자세한 내용을 담는 거는 좋은데 핵심이 안 담겨 있네요. A 과장이 일한 내용을 자세히 담고 열심히 한 거를 어필하는 거는 좋습니다.

그런데 A 과장의 관점이 아니라 고객의 관점을 생각했으면 좋겠네요. 고객이 뭘 원하는지, 그래서 우리가 뭘 개선해야 하는지, 그 과정에 문제점은 무엇인지 말이죠. 또 어떤 지원과 해결책이 필요한지 등등이 들어가야 하지 않을까요? 그런 게 정리가 잘 안 됐습니다.

A 과장

아, 네….

B 팀장

실장님께 보고할 때는 좀 더 명확하게 핵심만 담아야 합니다. A 과장도 알다시피 우리 재택근무가 많아져서 서면 보고도 많아졌어요. 우선 보고서 먼저 읽어보고 화상회의 진행하는데 이렇게 쓰면 실장님께서는 무슨 말 하는지 모르실 겁니다.

A 과장은 상대의 관점에서 보고서를 쓰는 훈련을 좀 해야 할 거 같아요. 너무 실무자 관점입니다. 주저리주저리…. "뭐가 좋다. 나 이렇게 일 많이 하고 있다." 이런 거 써 놓아도 보는 실장님께는 가 닿지 않습니다.

A 과장

네. 팀장님, 무슨 말씀이신지 알 거 같습니다.

 B 팀장

A 과장, 열심히 하는 거 알아요. 그런데 기존에 일하던 방식을 조금 바꿔보면 좋을 거 같습니다. 보는 사람의 입장에서 생각하면서 보고서든, 기획서든 써보는 게 어떨까요?

A 과장

네, 조금 더 분발해 보겠습니다.

정보 공유는 원활한 협업을 위해 갈수록 중요해지고 있다. B 팀장이 상대가 읽기 편하고 이해하기 수월하도록 보고서를 작성한 이유도 여기에 있다. 하지만 우리는 그게 어렵다. 쉽고 간결한 보고서 작성이 힘들다. 왜 그럴까? 필자가 생각하기에 그건 우리가 보고서를 잘못 이해하고 있어서 그렇다.

내 일만 잘하면 된다?

업무 능력은 크게 2가지로 나눠볼 수 있다. 바로 포지션에 맞는 직무 능력과 업무를 효율적으로 진행하기 위한 대인관계 능력이 그렇다. 연차가 적고 조직 경험이 짧을수록 "내가 맡은 업무만 잘하면 되지"라는 생각을 가진 경우가 많다. "뭐, 개발자가 개발만 잘하면 되지!", 혹은 "영업사원이 실적만 잘 올리면 되지, 다른 역량이 꼭 필요해?"라고 하는 식이다.

하지만 성과는 직무 능력만으로 달성되지 않는다. 직장인의 직무 능력은 체계적인 학습으로 어느 정도 습득할 수 있다. 산업화 시대에는 일을 잘게 쪼개는 분업과 맡은 일을 반복하는 작업이 전체적인 생산성을 극대화한다는 생각이 강했다. 그 때문에 산업화 시대에는 각자의 직무 능력을 강화하는 것만으로 충분한 경쟁력을 가질 수 있었다.

하지만 시대가 변함에 따라 사회가 필요로 하는 능력도 변했다. 산업화 시대가 직무의 시대였다면 4차 산업혁명 시대는 대인관계의 시대다. 직무 능력만큼이나 협동하고 조율하는 능력, 공감력, 비판적 사

고력, 피드백 주기, 보고서 쓰기, 발표하기, 프로젝트 관리 등의 중요
도가 커지고 있다.

어느 하나만 필요하다는 건 아니다. 직무 능력과 대인관계 능력의
관계를 이해하기 위해서는 자전거 타기를 생각하면 쉽다. 자전거의
동력을 제공하는 것이 뒷바퀴이다. 그리고 방향을 바꾸고 앞으로 나
가게 하는 방향키 역할을 하는 게 앞바퀴다. 만약 어느 한 바퀴가 다
른 바퀴보다 작다고 하면 어떨까? 뒷바퀴가 작으면 아무리 많은 힘을

◆ 직무 능력과 대인관계 능력의 사이클

들여도 자전거가 앞으로 나가지 않거나 엄청난 힘을 가해야 겨우 움직일 것이다. 반대로 앞바퀴가 작다면 방향을 바꾸기 어렵고 얼마 못가 자전거는 넘어지고 말 것이다.

커뮤니케이션 역량은 자전거 모델에 자전거의 앞바퀴에 해당한다. 앞으로는 AI가 인간의 일을 대체해갈 것이다. 인간이 조직 내에서 성과를 내기 위해서는 뒷바퀴뿐만 아니라 앞바퀴의 역량 향상에도 신경을 써야 한다. 그런 맥락에서 보고서 작성을 주요 업무에서 배제하는 건 말도 안 된다.

창의적으로 써야 한다?

보고서를 어떻게 창의적으로 쓸지 고민하는 독자가 있다면 그 생각을 당장 접어라. 보고서 작성은 창의적인 글쓰기가 아니다. 보고서는 해결해야 할 이슈와 주제가 있을 때 쓴다. 소설이나 시 같은 창작물과는 다르다는 뜻이다. 물론 때에 따라서 신사업 아이디어를 내거나 새로운 아이디어를 내야 하는 창작의 고통이 수반되지만 그건 쓰기 문제는 아니다. 그런 건 말로 해도 똑같이 어렵다. 보고서는 어느 정도의 양식과 형태가 갖춰져 있기 때문에 내용의 정보를 취합해 정리만 잘해도 절반은 해결된다. 조직이 클수록 사내에 통용되는 보고서의 양식과 약속된 용어가 있다. 방법만 알면 보고서 쓰기는 그리 어렵지 않다. 사실 누구나 할 수 있다.

내가 하고 싶은 말 위주로 작성한다?

우리는 습관적으로 자기 관점을 앞세워 보고서를 쓴다. 가령 마케팅팀의 담당자가 보고서를 작성한다면 전체적인 그림보다는 마케팅 직무 중에서도 자신이 담당하고 있는 일 위주로 서술한다는 거다. A 과장의 경우도 마찬가지였다. 실무자로서는 자신이 한 일을 자세하게 윗사람에게 알려주고 싶은 욕구가 생기는 게 당연하다. 하지만 보고서의 목적이 정보 공유임을 생각하면 이는 잘못됐다. 내가 아무리 하고 싶은 말을 열심히 떠들어도 상대가 관심 없으면 그만이다. 보고서는 독자의 문제를 해결해주거나 궁금한 점을 해소하는 글이 돼야 한다.

그런 글은 어떻게 쓸 수 있을까. 음식점을 창업한다고 가정해보자. 주인이 가장 먼저 할 일은 우리 고객은 누구이고, 고객이 원하는 사항이 무엇인지에 대해 고민하는 작업이다. 그리고 음식점의 메뉴, 상품을 선정하고 대상으로 하는 시장과 고객을 구체화하는 작업을 해야 한다. 시장 선정과 상품 개발의 방향이 정해지면 그다음 메뉴의 가격과 판매 전략을 짠다. 보고서 작성도 이 프로세스와 비슷하다. 가장 먼저 고객(상사)의 요구를 파악한다. 그리고 보고서의 방향(상품과 전략 구체화)을 설정하고, 보고서를 작성한다. 당신이 이것만 지킨다면 꽤 그럴듯한 보고서를 쓸 수 있을 것이다.

많은 내용을 담아야 한다?

보고서를 쓸 때 쉽게 빠지는 유혹이 있다. 바로 보고서에 많은 내용을 담으려고 하는 '다다익선 신드롬'이다. 하지만 보고서에 쓸데없이 많은 정보가 담겨있으면 읽는 시간도 오래 걸리고 논점이 흐려지기 쉽다. 잘 쓴 보고서는 간단하고 명료하다. 메시지도 1~2줄로 정리된다. 여러 가지 메시지가 중첩돼 있다는 말은 명확한 메시지가 없다는 말과 같다.

보고서는 문학이 아니다. 독자를 상상하게 해서는 안 된다. 오히려 메시지를 있는 그대로 전달하고 그에 대한 답변을 받을 수 있어야 한다. 당신이 보고서를 통해 전하고자 하는 내용이 너무 많다면? 우선 당신의 머릿속 생각을 정리하도록 하자. 당신이 전하려고 했던 메시지의 대부분은 사족일 것이다.

문장도 마찬가지다. 최대한 짧은 간결체로 쓰는 게 좋다. 드라마 〈미생〉을 본 독자라면 극 중 등장인물 장백기가 선배로부터 보고서 글이 장황하다는 지적을 받고 문장을 줄이기 위해 고심하던 장면을 기억할 것이다. 당시 선배가 지적한 문장의 원문이다.

중동항로와 관련된 특이사항

이슬람 최대 명절 중 하나인 라마단이 8월 18일에 끝났습니다. 따라서 중동 항로의 거래량과 실제 적재 비율이 다시 늘어날 것으로 보입니다. (라마단 직전의 실제 적재 비율은 95%에 육박했습니다.) 또한 중동 항로 선사 협의체에서는 2012년 7월 중 컨테이너당 300달러의 성수기 추가금을 부과할 예정이었으나 이를 유예했습니다.

그리고 최종적으로 선배의 확인을 받은 문장이다.

중동항로 관련 이슈

라마단(2012.7.20~12.8.18) 종료에 따라

중동항로 물동량 및 소석률 회복이 예상됨.

IRA가 7월 중 적용 예상이던 PSS(usd 300/TEU)를 유예함.

전자보다 후자가 보기 편하다. 참고로 후자는 꼭 필요한 내용만을 꼽아 정리했다. 보고서에 무조건 많은 정보를 넣거나 본문을 긴 문장으로 작성하려는 시도를 지양할 것을 권유한다. 대체적으로 커뮤니케이션은 단순한 게 좋다.

보고서를 잘 쓰기 위해 할 일이 있다

좋은 보고서는 어떻게 쓸까? 필자는 이 질문에 대한 답으로 크게 3가지 원칙을 말해본다. 당신은 이를 통해 좋은 보고서를 쓰려면 어떤 것을 지켜야 하는지를 알 수 있을 것이다.

쓰는 목적을 명확히 하라

필자들은 기자로서, 그리고 컨설턴트, 작가로서 매일 글을 쓰는 일을 하고 있다. 하지만 이상하게 글이 안 써지는 날도 있다. 그럴 때마다 자문한다. "내가 왜 이 글을 쓰고 있지?", "내가 무엇을 말하려고 이걸 쓰기 시작했지?" 필자는 질문에 답을 하면서 글 속에 숨어있던 불순물을 정리해간다. 글이 확실히 깔끔해진다.

보고서 작성도 똑같다. 쓰기 전에 보고서의 목적을 명확히 해야 한다. 그 목적은 크게 3가지다. 첫 번째는 정보 전달 및 업무 협조를 위한 커뮤니케이션이다. 주간, 월간 보고를 위해 정기적으로 작성하는 문서나 협조를 위한 공문이 여기에 해당한다. 두 번째는 설득이다. 여기에는 기획안이나 제안서가 포함된다. 그리고 세 번째는 공식적인 표명이다. CEO의 연설문이나 보도자료 같은 문서들이 이 목적을 가진다.

직장인들은 주로 첫 번째 목적 때문에 작성한다. 이런 보고서의 주요 정보는 업무 현황이 어떻게 진행되고 있는지다. 진행 상황을 근거로 필요하다면 협조 요청을 덧붙일 수도 있다. 두 번째 목적의 보고서는 조금 까다롭다. 설득을 위한 보고서의 목표는 상대방의 승인이므로 책임이 따르기 때문이다. 설득하는 보고서에 승인을 한 사람은 업무 분담을 하거나 승인자로서 결과의 책임을 져야 한다. 해당 보고서의 독자는 내용을 까다롭게 볼 수밖에 없다. 그래서 설득을 위한 보고서에는 '논리'가 꼭 필요하다. 그를 위해 주장의 기초 정보, 문제점, 솔루션이 함께 들어가야 한다. 그 누구도 논리가 없는 보고서에 승인하고, 그 책임을 나누길 원하지 않을 것이다. 세 번째 목적의 보고서는 대부분 외부인을 독자로 둔다. 그만큼 주의해서 작성해야 한다는 뜻이다. 보고서에 작성자의 생각이 잘 전달되고, 독자가 동조하게 만드는 힘이 있어야 한다.

목적에 따라 난이도는 다르지만 쓰는 이유를 확실히 해야 한다는 기본 전제는 같다. 보고서 분량만 채운다고 끝이 아니다. 당신의 상사, 즉 독자는 목적을 잃은 보고서를 주저하지 않고 반려할 것이다.

독자의 취향을 파악하라

상품 기획의 시작은 니즈 파악이다. 고객이 어떤 점을 불편하게 생각할지, 어떤 문제를 가졌는지, 어떤 욕구가 있는지에 대해 고민한 상품들이 좋은 결과를 가져온다. 보고서도 비슷하다. 중간 검토자는 누구인지, 이를 받는 최종 의사 결정자는 누구인지에 대한 고려가 빠른 승인을 부른다.

혹시 그런 경험이 있는가? 당신은 팀장에게 보고서 검토를 받았다. 팀장은 몇 가지를 보완하면 좋겠다는 의견을 줬고 당신은 그 내용을 충실히 반영해 보고서를 다시 썼다. 그런데 최종 결정권자에게 정리된 보고서를 제출했더니 그는 보고서 형식이 적절하지 않다며 반려했다. 알고 보니 최종 결정권자의 보고서 취향은 당신이 팀장에게 처음 제출했던 것과 같았다. 여기서 당신이 잘못한 게 있다면 보고서를 누구에게 확인받는지 생각하지 않았다는 것이다. 우리는 중간 보고체계와 최종 결정권자의 성향을 고려해 글을 작성해야 한다. 그들이 논리와 근거를 중시하는지, 아니면 세밀한 정보를 중시하는지 혹은 깔끔한 결론만 살피는지에 따라 좋은 보고서의 기준이 달라진다.

독자의 취향은 어떻게 파악할 수 있을까? 그들의 커뮤니케이션 스타일을 살펴보면 된다. 만약 당신의 상사가 효율과 결과를 중시하고 주도적인 커뮤니케이션을 선호한다면 결론부터 보고하는 편이 좋다. 의사 결정이 필요한 부분을 강조하는 형태로 접근하는 것이다. 데이터와 분석을 중시한다면 보고서에 실증적인 자료를 명확하게 밝히도록 한다. 공신력 있는 데이터와 자료는 당신의 상사를 설득하는 무기

◆ 커뮤니케이션 스타일에 따른 대응방안

스타일 분류	커뮤니케이션 특징	대응방안
주도형	효율과 결과를 중시하는 유형으로 커뮤니케이션은 정확하고 주도적으로 의사 결정을 하길 원함	개요서로 짧고 간결하게 결론부터 전하고, 의사 결정이 필요한 부분을 강조해 보고함
분석형	전문 지식, 정확성, 데이터와 논리가 중요하고 업무 프로세스를 중시함	데이터와 분석 결과를 강조하여 새로운 정보 전달, 인사이트를 제공할 수 있도록 구성 * 정확한 팩트 체크는 필수
우호형	팀워크, 화합, 협력적이며 안정을 선호함	사업의 안정성, 인접팀과의 협력을 고려해 보고서 작성
표현형	독창적, 창의적, 열정적이며 아이디어를 좋아함	기존 내용의 활용보다는 새로운 방향성, 아이디어를 적용해 보고(고객의 스토리, 시장 상황 등 새로운 정보를 담을 것)

소셜 스타일은 TRACOM 그룹에서 개발한 성격 특성 및 다른 사람과 상호 작용하는 방식에 따라 사람들의 유형을 분류한 모델이다. 표는 소셜 스타일의 4가지 유형을 보고서 작성 스타일과 매칭한 결과물이다.

가 될 것이다. 보수적이고 갈등을 회피하는 스타일이라면 인접 부서와의 협의 내용을 반드시 포함해 강조한다. 마지막으로 아이디어와 창의성을 중시한다면 새로운 관점과 정보, 그리고 사례들을 잘 버무린 문서가 좋다.

질문 리스트를 만들어라

상사의 취향을 판단하기 어려운 때도 있다. 그렇다면 상사의 의견을 예측해 질문 리스트를 만들어보자. 당신이 상대 관점에서 논점을 생각하도록 해줄 것이다. 이때, 질문 리스트를 만드는 법이 매우 중요하다. 필자는 벤 더피Ben Duffy 스킬을 활용하길 권유한다. 이는 미국의 유명 광고 회사 BBDO의 수장이었던 벤 더피가 사용했던 스킬로, 고객의 궁금증을 예상해 질문 리스트로 만든 뒤 고민해보고 의문에 대한 답을 먼저 제시하는 방법이다. 일례로 벤 더피는 BBDO의 대표가 되기 전에 한 작은 광고 회사의 오너로서 쟁쟁한 대형 광고 대행사들과 미국 대형 담배 회사의 광고를 수주하기 위한 경쟁을 벌여야 했었다. 작은 광고회사가 대기업의 광고 캠페인을 수주하는 것은 비현실적이었다. 그래도 벤 더피는 포기하지 않았다. 그는 어렵게 잠재 고객인 광고주와의 미팅 자리를 마련했다. 그리고 광고주를 만나기 전에 질문을 50개 정도 작성했고 그중에서 핵심 질문 10개를 간추렸다. 벤 더피는 미팅에서 광고주에게 이렇게 이야기했다.

"오늘 미팅을 준비하면서 제가 만약 사장님이라면 광고에 대해 어떤 고민을 할지 생각해봤습니다. 그 결과로 질문 10개를 뽑아 왔습니다."

그는 질문 리스트를 광고주에게 자신 있게 전했다. 재밌는 일이 일어났다. 광고주도 질문 10개를 미리 정리했었고 그중 6개가 벤 더피와 같았다. 결과는? 광고주는 자기 마음을 미리 간파했던 벤 더피에게 광고를 수주하기 원했다.* 이렇듯 상대의 마음을 얻으려면 그가 원

---

* "THE AMAZING POWER OF EMPATHY", RebootAuthentic.

하는 게 뭔지 알아야 한다. 보고서도 똑같다. 상대의 동의를 얻는 보고서를 쓰기 위해서 우리는 독자의 관점에서 미리 생각하고 그가 궁금할 내용을 바탕으로 질문 리스트를 작성하는 노력을 할 필요가 있다. 질문 리스트는 독자의 생각을 짐작하게 해줄 것이다. 다른 요소들은 그다음이다. 화려한 디자인과 뛰어난 문장력을 바탕으로 그럴싸한 보고서를 완성한다고 해도 그 내용이 상대의 니즈와 다르다면 그 보고서는 '예쁜 쓰레기'에 불과하다. 다시 강조해본다. 당신이 보고서를 잘 쓰고 싶다면 보고서의 목적을 명확히 하고 독자의 취향을 파악하며 그를 위한 질문 리스트를 만들었으면 한다. 이 일련의 과정들은 독자가 읽고 싶은 보고서를 작성하는 발판이 될 것이다.

당신이 자동차를 구매하기 위해 자동차 대리점에 방문했다고 가정하자. 매장에는 2명의 영업사원이 있다. 그들은 제품을 판매하기 위해 각자 다른 방식으로 자동차를 설명했다. 당신이라면 어떤 사람에게 차량을 구매하고 싶을 것 같은가.

영업사원 A

E 클래스 구매를 고려하신다고 했는데요. E 클래스는 승차감이 좋습니다. 9G-TRONIC와 에어 보디 컨트롤 시스템으로 속도에 따라 셀프 레벨링을 제공하거든요.

영업사원 B

E 클래스는 브랜드가 주는 고급스러움에 더해 자동 변속기와 속도에 따라 주

행시스템을 자동 변경해주는 기능으로 편안한 승차감을 제공합니다. 고객님께서 운전하실 때 피로감이 전혀 없다고 생각해보세요.

필자라면 영업사원 B에게 자동차를 구매할 것이다. 이유는 분명하다. 영업사원 A는 전달자의 입장에서 자동차의 기능 위주로 설명했고 영업사원 B는 고객이 얻는 혜택을 중심으로 이야기했다. 생각해보자. 우리가 자동차를 사는 이유는 편안하게 운전하고 안전하게 목적지로 도착하기 위함이다. 그러므로 필자가 딱딱한 테크 용어로 설명하는 영업사원 A의 말보다 고객이 얻는 혜택을 설명하고 자동차를 사면 얻게 되는 가치를 설명하는 영업사원 B의 말에 더 혹하는 게 당연하다.

마케팅 구루로 유명한 시어도어 레빗Theodore Levitt 하버드대학교 경영대학원 교수는 유명한 말을 남겼다.

"People don't want quarter-inch drills. They want quarter-inch holes."

이는 "사람들은 1/4인치 드릴을 원하지 않는다, 그들은 1/4인치짜리 구멍을 원한다"고 해석할 수 있다. 판매자 대다수가 고객이 마음을 헤아리는 일보다 제품 자체를 설명하는 일에 집착한다는 뜻이다. 보고서 쓰기도 같은 맥락이다. 내가 전하고 싶은 정보가 아닌 독자가 원하는 정보에 집중해야 한다.

보고서를 위한 4단계 프로세스가 있다

당신이 가족을 위해 식사를 준비한다고 해본다. 가장 먼저 할 일은 무엇일까? 식사하게 될 가족의 구성, 그들의 선호도를 생각해 메뉴를 선택해야 한다. 그다음으로 식재료를 구매한다. 그리고 식재료들을 손질하며 머릿속으로 요리의 순서를 정해야 한다. 먼저 어떤 게 준비돼야 하는지, 메인 요리는 무엇이 좋을지, 조리는 언제 시작할지를 구체화하는 것이다. 요리가 마무리될 때쯤 간은 맞는지 확인해보자. 간도 적절하다면 식사 준비는 끝났다.

보고서 쓰기도 비슷하다. 보고서 쓰기도 식사를 준비하듯이 해야 한다. 필자는 프로세스 4단계로 이를 설명해보려고 한다.

프로세스 1 | 당신만의 창고를 만들어라

좋은 식재료는 맛있는 요리를 만든다. 좋은 보고서도 마찬가지이다. 보고서의 재료는 학술 및 매체 자료, 그리고 각종 데이터다. 재료가 얼마나 잘 준비됐는지에 따라 보고서의 완성도가 결정되기도 한다. 그러므로 재료가 될 만한 정보를 수집하고 관리하는 당신만의 창고는 중요하다. 보고서를 잘 쓰기 위해서 말이다. 다음은 당신만의 창고를 만드는 비법이다.

첫 번째, 정보를 취득할 채널들을 일상적으로 모니터링한다. 업계마다 뉴스가 잘 정리된 전문 채널들이 있다. 당신이 마케팅 담당자라면 마케팅 전문 채널을, 인사 실무자라면 인사 전문 채널을 구독해두면 좋다. 평소에 전문 채널들을 찾아서 수시로 살펴보는 것만으로도 보고서에 필요한 내용이나 정보, 근거 등을 충분히 수집할 수 있다. 또한, 정부에서 발간하는 리포트나 경제 연구소의 자료들도 정리해두면 요긴하게 쓸 수 있다. 자신이 속한 직무 관련 산업 협회나 기관의 공식사이트도 챙겨서 모니터링하길 추천한다.

두 번째, 사내 데이터베이스나 지식관리시스템KMS을 활용한다. 사내에 당신이 작성하려는 보고서와 비슷한 내용을 담은 것이 있을 수 있다. 지식관리시스템을 통해 타 계열사의 정보도 훑어보면 도움이 될 것이다. 공유 시스템을 활용하는 방법도 있다. 공유 시스템에는 사내의 보고 자료나 프로젝트 결과물, 리서치 자료, 출장 자료가 체계적으로 정리돼 있다. 잘 이용하면 더욱 효과적으로 정보를 얻을 수 있다.

세 번째, 사내 전문가에게 찾아가 직접 묻거나 외부 전문가를 만나 인터뷰하는 적극적인 방법을 시도한다. 근래 외부 전문가들과 네트워킹을 할 수 있는 트래바리, 클래스 101, 탈잉 등의 서비스들이 많이 생겼다. 트래바리는 전문가와 네트워킹과 지적 교류를 하는 독서 모임인데, 전문가의 인사이트와 경험을 배울 수 있다는 점에서 직장인들 사이에서 주목받고 있다. 각 기업에서도 전문가들의 정보와 함께 각 계열사 간의 정보를 공유할 수 있는 러닝 플랫폼이나 클럽이 늘어나고 있다. LG 인화원의 교육 플랫폼인 LG 큐리어스가 대표적인 사례다. LG 큐리어스는 사내에 있는 전문가들을 LG 큐리에이터라고 부르며 그들이 적극적으로 콘텐츠를 제작하고 공유하도록 하는 형태로 운영하고 있다.*이처럼 사내 전문가들의 정보와 경험을 활용한다면 우수 사례나 적용, 참고할 만한 인사이트를 더욱 쉽게 얻을 수 있다. 근거가 탄탄한 보고서를 쓰고 싶다면 전문가의 인사이트를 정리해 당신만의 지식 DB를 강화해라. 보고서에 생생한 정보와 근거를 담을 수 있을 것이다.

네 번째, 노션이나 블로그, 에버노트 등의 생산성 앱을 활용한다. 앞서 설명한 정보들을 어디에 정리할 것인가? 노션이나 에버노트와 같은 생산성 앱을 활용해보자. 한눈에 보기 쉽게 정리할 수 있을 것이다. 한곳에 모은 자료는 추후 보고서를 쓸 때 유용한 데이터베이스가 된다. 그리고 생산성 앱은 독서 노트로도 활용할 수 있다. 읽었던 책들의 내용을 요약해 놓으면 보고서의 소재로 써먹기 좋을 것이다.

프로세스 2 │ 보고서의 뼈대를 세워라

좋은 자료가 충분히 모였다면 그다음은 보고서의 뼈대를 만들면 된다. 이는 등반과 비슷하다. 당신이 등반한다면 무엇을 준비하겠는가. 게다가 동네 뒷산을 등산하는 것이 아니라 한라산 등반이라면 어떻겠는가? 고도가 높은 만큼 당연히 위험도 크다. 당신은 안전한 등반을 위해서 코스에 대한 세세한 계획을 꼭 해야 할 것이다. 가령 어떤 코스를 택하고 각 코스에 소요되는 시간은 얼마나 걸릴지 확인해야 하고 시간대별 도착 지점과 필요 물품에 대한 구체적인 내용도 확

---

* "구광모 LG 대표의 DX 드라이브, 사내 교육도 디지털로 확 바꿨다",《녹색경제신문》, 2020. 12. 04.

실하게 하는 편이 안전하다. 필요한 예산이나 총 소요시간 등을 판단하는 것도 중요하다. 물론 계획은 귀찮다. 할수록 신경쓸 것도 많아진다. 하지만 이러한 계획이 없다면 등반의 어려움이 닥쳤을 때 쉽게 대처하지 못할 것이다.

선생님들이 글쓰기를 가르칠 때 학생들에게 귀에 못이 박히게 하는 이야기가 있다. 바로 '육하원칙(5W1H)'이다. When(언제), Where(어디서), What(무엇을), Who(누가), Why(왜), How(어떻게). 이 기초적인 법칙은 보고서 작성에도 매우 쓸모가 있다. 이는 보고서의 뼈대를 세워줄 것이다.

◆ 육하원칙을 적용한 보고서 작성

구분		내용
When	언제	문서의 작성일, 문서에서 언급하는 사실과 관련된 때
Where	어디서	문서의 사실과 관련된 장소
What	무엇을	사실의 대상
Who	누가	행위의 주체자(상품이나 기계 등도 해당)
Why	왜	이유나 원인, 결론에 바탕이 되는 중요한 요소
How	어떻게	사안의 전후 상황에 대한 설명
How much	얼마나	경비, 예산, 가격처럼 독자에게 판단의 근거를 제공할 수 있는 정보
How long	얼마 동안	실행에 드는 기간

보고서에는 목적(원인 or 배경), 현재 상황, 개선 방향, 추진 전략, 세부 수행 계획, 기대 효과(결과) 그리고 예산이나 의사 결정의 필요 여부, 지원 사항을 써둬야 한다. 기안, 현안 보고, 전략 보고, 협조…. 상황이나 상사의 성향에 따라서 육하원칙의 배열순서는 달라질 수 있

◆ 보고서의 구성 요소

구분	보고서의 구성 요소
Why	목적: 어떤 목표를 가지고 추진하는가?
	원인: 무엇이 문제인가?
	배경: 어떤 이유 때문에 제기된 문제인가?
What	해결 방안(추진 전략): 핵심 해결안은 무엇인가? 무엇을 할 것인가?
	벤치마킹: 경쟁사, 업계 선도업체는 어떻게 하고 있는가? 우리가 적용할 점은 무엇인가?
	기대 효과: 이를 통해 무엇을 얻을 수 있는가?
How	실행 주체: 해결사는 누구이며, R&R(역할과 책임, Role&Responsibility)은 어떻게 구분되는가?
	추진 계획: 진행 프로세스와 기간은 어떻게 추진되는가? Or (결과 보고서의 경우) 후속 과제는 무엇이 있으며, 어떻게 진행되는가?
	평가: 진행 간 성과 평가를 위한 핵심 성과 지표는 무엇이며, 어떻게 관리할 것인가?
	예산: 드는 비용은 어떻게 되는가?
	리스크: 예상되는 위험 요인은 무엇이며, 어떻게 대응할 것인가?

결과 보고서의 경우, 실행 결과를 중점으로 보고서를 작성하자.

지만 큰 요소는 변하지 않는다. 그리고 이 중에서도 What, Why, How는 특히나 더 중요하다.

좀 더 구체적으로 나눠서 이를 설명해본다. 목적(원인, 배경)은 Why, 기대 효과(결과)는 What, 나머지 추진 전략과 기타 필요 사항은 How와 연결된다. 이렇듯 What, Why, How는 보고서의 주제를 명확하게 해준다. 이것만 지켜도 큰 개요는 나온다. 하지만 아직은 내용이 부족하다. 대략 주제가 잡혔다면 나머지 뼈대들(When, Where, Who)을 덧붙여라. 어딘가 부실한 듯한 느낌이 사라질 것이다.

프로세스 3 | 보고서의 구성을 구체화하라

지금까지 보고서의 뼈대에 대해서 알아봤다. 그 뼈대의 요소를 어디에 배치할 것인가는 보고서 전반의 구성과 연관된다. 이번에는 보고서의 구성을 구체화할 수 있는 방법론을 제시하고자 한다.

① 두괄식, 결론부터 강조하기

두괄식은 기업에서 가장 선호하는 구성이며 중요한 메시지를 먼저 전달하고 차례대로 논리를 설명해 가는 피라미드 구조로 이뤄진다. 많은 보고서를 확인하는 상사에게 빠르게 내용을 전달할 수 있다는 게 가장 큰 장점이다.

스티브 잡스의 프레젠테이션은 두괄식의 장점을 잘 보여준다. 스티브 잡스는 처음으로 아이팟을 선보였을 때, 자신의 주머니에서 아주 작은 MP3 플레이어를 꺼냈다. 그리고 프레젠테이션 화면에는 문구 하나만 있었다.

"주머니 속 1천 곡의 노래."

잡스는 아이팟이 왜 좋은지 한 줄로 간결하게 설명했고 이는 성공적으로 사람들의 흥미를 끌었다. 이처럼 메시지의 핵심을 먼저 밝히면 상대의 집중도를 높일 수 있다. 보고서도 가장 중요한 내용을 먼저 제시하면 독자의 가독성이 좋아진다. 상사들은 많은 일을 처리한다. 두괄식은 핵심 내용을 서두에 배치하는 구조이기 때문에 그들이 보

◆ 일반적인 보고서

제목: 외주 관리 시스템 개선안

① 배경 및 문제점
- 외주 관리 시 전화나 메일로 진행되는 경우가 대다수인 상황
- 회사 내부적으로는 시스템이 구축돼 있어 추적 관리가 쉽지만 외주 업체 관리는 불가
- 외주 업체와의 커뮤니케이션은 엑셀로 사진을 첨부해 관리하는 경우가 다수
- 외주 업체 관리 인력이 퇴사 시 인수인계가 되지 않아 품질 이슈 발생 다수

② 타사 사례
- 업계 선도업체 A: BOM과 연계한 외주 관리 시스템 운영
- 글로벌 업체 B: 외주 업체와 커뮤니케이션을 위한 별도 시스템 운영(보안 관리 용이)

③ 개선 방안
- 외주 업체의 품질 관리 및 히스토리 유지를 위한 시스템 도입 필요

비교적 잘 정리된 보고서다. 하지만 두괄식 구성으로 쓰였다면 보다 빠른 시간에 눈길을 끌 수 있었을 것이다.

◆ 두괄식 보고서

제목: 외주 관리 시스템 개선안

① 결론(개선 방안)
- 품질 관리 및 히스토리 유지를 위한 시스템 도입 필요
  - * 원인 : 외주 관리 시스템 부재로 품질 관리 이슈 발생
② 문제점
- 현재 외주 관리는 전화/이메일 등의 채널만 존재
- 업무 누락, 품질 이슈 발생 다수, 업체 담당자 퇴사 시 인수인계 불가
- 회사 내부적으로는 추적 관리가 쉽지만 외주 관리는 불가
③ 진행 일정
- 시스템 개선 기획안 보고 : 7월 00일
- 개발 업체 선정 : 7월 00일
- 시스템 개발 착수 : 8월 00일
  - * 참고 사항 : 타사 외주 관리 시스템 현황 (붙임)

결론이 서두에 배치돼 독자가 어떤 것을 유의하며 읽어야 할지 판단이 빨라진다.

고서를 파악하는 데 드는 시간을 절약해준다. 위 내용은 일반적인 보고서와 두괄식 보고서다. 이들을 비교해보면 두괄식으로 썼을 때의 장점을 알 수 있을 것이다.

② 미괄식, 서론-본론-결론의 흐름대로 설명하기

미괄식은 서론-본론-결론의 구성을 취한다. 글의 가장 기본적인 형식인 만큼 쓰는 사람도 읽는 사람도 부담이 덜하다. 두괄식 구성이 다소 딱딱한 느낌이라면, 미괄식은 부드럽고 천천히 진행된다. 다만 논

리의 전개가 연역적으로 일어나게 되는 경우가 많아서 다소 지루하기 쉽다는 단점이 있다.

미괄식 보고서도 요약해서 먼저 결론을 전달하는 형태로 구성할수 있다. 시간이 없는 경영진에게는 두괄식이 더 환영받는 방식이긴하지만 목적에 따라 미괄식이 더 적절한 흐름이 되기도 한다. 다음 보고서는 베트남 시장의 공략 방안을 미괄식으로 정리했다. 익숙한 구

◆ 미괄식 보고서

제목: 베트남 시장 공략 방안

① 배경(시장 및 고객분석)
- 베트남 구강케어 시장은 전세계 26위 규모이며, 시장의 크기는 327백만불(약 3,300억 규모)로 향후 5년간은 연평균 4.9% 성장할 것으로 판단됨
- 베트남인은 충치, 치은염, 치주질환 발생률이 높으며, 어린이들은 충치 비율이 90% 달할 정도로 구강케어에 필요성이 높음

② 경쟁력 분석: 경쟁사 현황과 자사 경쟁력
- 자사 제품군은 기능적 가치와 품질에서는 강점을 보유하고 있으나 가격 경쟁력 측면에서는 상대적으로 약함
- 경쟁 브랜드는 OOO, OOO, OOO. 경쟁 브랜드들은 상대적으로 인기와 인지도는 낮으며, 기능적인 측면에서 불만족스럽다는 평이 있음

③ 결론: 공략 방안
- 한국의 기술력, 한방 성분 등 차별화된 콘셉트로 접근하며, 동시에 미백, 청량감을 강조할 필요가 있음
- 베트남 시장에 선보이는 신제품의 포지셔닝은 기존 경쟁사가 제공하지 못한 프리미엄 제품이자 우수한 사용감과 기능성을 제공하는 제품이어야 함

성으로 차분하게 보고해간다는 장점이 잘 드러난다. 논의할 내용이나 고민할 게 많은 보고의 경우는 미괄식이 더 적합할 수 있다.

③ 시간 순, 차례대로 나열하기

시간 순서에 따른 보고서는 미괄식 보고서와 마찬가지로 독자가 내용을 쉽게 따라갈 수 있다는 장점이 있다. 단기, 중기, 장기의 형태로 기간을 분류해 구성을 꾸미거나 프로세스에 따라서 단계별로 구

◆ 시간 순서에 따른 보고서

제목: 단계별 시장 공략 방안

시장을 성공적으로 공략하고 마켓에 안착하기 위해선 단기, 중기, 장기 3단계 확장 전략이 필요하며, 초기 유통망 확보와 효과적인 마케팅을 통한 인지도 확보가 무엇보다 중요함

① 단기 전략
- 목표: 베트남 시장에서의 성공적인 제품 발매 및 인지도 확보
- 운영 및 시스템 최적화: 유통망 확보, 마케팅 실행과 피드백 강화를 통한 피보팅 진행

② 중기 전략
- 목표: 베트남 전국 시장 공략을 위한 시장 점유율 확대
- 전국단위 판매망 확보, 베트남 내 영업조직 강화, 시장 단계적 확대
- 해외 법인 or 합작사 등 설립에 대한 검토 진행

③ 장기 전략
- 목표: 타 제품군으로 시장 확대 및 동남아 진출 확대
- 경쟁사 대응 및 로컬 상황에 맞는 후속 모델 출시 필요

성할 수도 있다.

시간 순서에 따른 보고서는 시계열 흐름에 따른 개선 방안을 제안하거나 중장기 전략 보고, 업무 보고에 적합한 형태이며, 프로세스별로 과정을 구체적으로 알려야 할 때도 적합하다.

지금까지 가장 대표적인 보고서의 구성을 살펴봤다. 필자들이 생각하기에 하이브리드 워크에서 적합한 방법은 역시 두괄식이다. 이처럼 명료하게 전달하는 것이 독자의 관점에서 이해가 더 쉽고, 시간을 효율적으로 사용하게 한다고 본다. 하지만 이 또한 정답은 아니다. 당신의 상황과 목적에 따라서 그에 적합한 보고서의 구성을 적절히 활용하는 게 최선이다.

프로세스 4 | ERRC 프레임워크, 문서의 차별성을 살려라

보고서의 재료를 준비하고 뼈대를 세워서 이야기를 구성했는가? 그렇다면 군더더기를 가다듬는 작업이 필요하다. 이때 ERRC 프레임워크를 적용해보자. ERRC 프레임워크는 블루오션 전략을 수립하는 과정에서 활동에서 제거해야 할 것Eliminate과 줄여야 할 것Reduce, 늘려야 할 것Raise, 새롭게 창조해야 할 것Create을 진단하는 작업이다.

① Eliminate (제거하다)

보고서를 검수하는 과정에서 꼭 해야 할 것이 있다. 바로 보고서에 불필요한 부분을 제거하는 일이다. 보고서를 작성한 입장에서는 불필요한 내용이 잘 보이지 않을 것이다. 하지만 보고서의 핵심 사례라고 생각했지만 실제로는 논점을 흐리는 주장이거나 당신의 의견에 반대되는 사례인 것들도 있을 수 있다. 꼼꼼히 살펴보고 제거하라. 이 작업은 당신의 메시지를 견고하게 해줄 것이다.

② Reduce (줄이다)

잘 쓴 보고서는 기본적으로 깔끔하다. 보고서의 문장은 가능한 짧게 정리하자. 어떻게 고칠지 막막하다면 보고서를 소리 내어 읽길 추천한다. 눈으로 볼 때보다 더 많은 오류를 잡아낼 수 있다. 소리를 내 읽으면 동어 반복, 중언부언, 비문을 쉽게 발견할 수 있을 것이다. 다시 말하지만 문장은 핵심만 간추려서 간결한 게 좋다. 보고서의 분량도 마찬가지다. 줄일 수 있다면 과감하게 줄인다. 양이 많다고 잘 쓴 보고서가 아니다. 비대면 업무에서는 더더욱 그러하다.

③ Raise (늘리다)

깔끔한 보고서는 유용하지만 내용이 빈약한 보고서는 쓸모가 없다. 그리고 이 미묘한 한끗을 만드는 게 바로 '지식의 저주'다. 지식의 저주는 스탠퍼드대학교 심리학 박사 엘리자베스 뉴턴이 진행한 실험에서 유래한 말이다. 다수의 참가자를 모집해서 진행한 실험은 대략 이렇다. 우선 2인 1조의 그룹을 만들었다. 그중 한 사람에게는 노랫말과 멜로디가 친숙한 25개의 노래를 주고 노래의 음과 리듬을 떠올리며 책상을 두드리게 했고 또 다른 사람에게는 두드리는 소리를 듣고 그 노래가 무엇인지 맞히게 했다. 결과는 어땠을까? 놀랍게도 단

2.5%의 참가자만 노래를 맞췄다. 두드리는 사람은 누구나 아는 노래라고 생각했기 때문에 당연하게 두드렸을 것이다. 상대가 이 노래를 모른다는 사실을 상상하기 어려웠다. 기존에 알고 있는 지식이 저주가 된 셈이다. 이처럼 우리는 자신이 아는 지식이나 정보를 당연히 상대도 안다고 착각하는 경우가 많다.* 보고서 작성에서도 마찬가지다. 부족한 내용을 채워라. 간결하기만 해서는 안 된다. 상사는 정보와 논리가 빈약한 보고서를 잘 썼다고 하지 않을 것이다.

④ Create (창조하다)

말 그대로 창조다. 이전의 내용을 늘리거나 줄이는 방식이 아니라, 새로운 관점을 창조하는 것이다. 보고서를 검토하면 새롭게 더하고 싶은 부분이 있을 수 있다. 당신은 이런 아쉬운 부분을 넘기기도 찜찜할 것이고 그대로 진행했다가 상사에게 그 부분이 부족하다고 꾸중을 듣게되면 더 후회할 것이다. 그러니 마무리 단계에서는 논리를 새롭게 더하고 창조하는 것도 고려하자. 다만 꼭 필요한 경우가 아니면 부록 등을 활용해서 덧붙이는 게 현명하다. 새로 추가하다가 전체를 다시 써야 하는 상황도 발생할 수 있으니 말이다.

---

* Heath, Chip; Heath, Dan, "The Curse of Knowledge", 《Harvard Business Review》, 2006. 12.

◆ 보고서, 잘 쓰려면 이것만은 꼭!

구분	체크포인트	
관점의 전환	커뮤니케이션의 중요성에 대해서 인식하고 있는가?	☐
	직무 역량에만 집착하고 있지는 않은가?	☐
	글쓰기에 대한 두려움을 가지고 있지는 않은가?	☐
	상대의 관점에서 글을 작성하고 있는가?	☐
	'다다익선 신드롬'에 빠져 있지는 않은가?	☐
커뮤니케이션 스타일에 따른 접근	독자의 취향을 파악하고 있는가? * 커뮤니케이션 스타일: 주도형, 분석형, 우호형, 표현형	☐
보고서의 기본	질문 리스트를 사전에 작성했나?	☐
	4단계 프로세스를 따르고 있는가?	☐
	육하원칙에 따라서 작성이 됐는가?	☐
	최종 보고서의 검수 시 ERRC 프레임워크를 적용했는가?	☐

7

비대면 시대, 내러티브와 맥락을 입혀라

장

사람의 마음에 닿는 위대한 스토리가 없다면
고객과 클라이언트, 동료 직원은 그 내용을 잊는다.

매튜 룬, 《픽사 스토리텔링》[*]

요즘은 사내의 주요 보고뿐만 아니라 외부 고객과의 미팅도 줌과 같
은 화상회의 플랫폼으로 하고 있다. 대면 보고도 최소화하고 서면 보
고로 대체할 때도 많다. 이 상황에서 실무자들은 크게 2가지를 고민
하게 됐다.

첫 번째 고민, 화상회의에서 상대의 눈과 귀를 어떻게 사로잡을까?
화상회의는 장시간 집중하기 어렵다. 실무자들은 화상회의가 잦아지
면서 메시지를 조금이라도 덜 지루하게 전달하기 위한 고민을 하게
됐다. 화상회의는 기존 대면 보고나 미팅처럼 미리 작성된 보고서를

---

[*]   매튜 룬 지음, 《픽사 스토리텔링》, 박여진 옮김, 현대지성, 35쪽.

공유하고 그 내용을 단순히 전달하는 방식으로는 상대의 몰입을 기대하기 힘들다. 필자가 만났던 국내 콘텐츠 스타트업의 영업 담당자는 최근에 고객사와 온라인 미팅을 통해 신규 콘텐츠에 대한 발표를 10분 넘게 했지만 돌아온 답변이 "고생하신 것 같은데 그래서 핵심이 뭐죠?"였다고 한다. 그는 화상회의의 한계를 느낀 것 같았다.

두 번째 고민, 보고서는 얼마나 자세하게 작성해야 할까? 대면 보고일 때는 일의 맥락을 어느 정도 생략하고 앞에 번호를 붙여서 중요한 요점을 짧게 나열하는 형식으로 보고서를 써도 괜찮았다. 보고서에 없는 내용은 대면 보고를 하면서 말로 충분히 설명하면 됐다. 하지만 비대면 보고일 때는 다르다. 보고서의 부족한 부분을 말로 설명할 기회가 없고 내용을 모호하게 쓰면 내용 전달이 잘못되기도 한다.

필자는 문제의 해결책은 맥락과 내러티브를 고려한 보고서에 있다고 본다. 화상회의 전에 미리 맥락과 내러티브를 바탕으로 쓴 보고서를 공유하고 참가자들에게 이를 사전에 읽도록 하면 커뮤니케이션이 쉬워진다. 비대면 보고의 문제도 그렇다. 보고서를 읽으면 내용 대부분을 파악할 정도로 구체적으로 쓴다면 비대면의 한계를 극복할 수 있을 것이다.

보고서에도 내러티브가 필요하다

대면 회의는 '보고'였다. 이를 위해 작성하는 문서의 의미도 결정권자에게 현황을 보고하고 빠른 확인을 받기 위함이었다. 이때는 기존처럼 앞에 번호를 붙여서 중요한 요점을 짧게 나열하는 개조식으로 보고서를 작성하는 것이 효과적이다. 이런 구성은 과다한 수식어, 종결 어미를 생략해서 독자가 뉘앙스보다 의미에 집중하도록 해준다. 또한 문장을 짧게 분절해 전달하므로 신속하게 의미가 전달된다. 보통 결정권자는 바쁘고 내용의 핵심만 보고받아도 직관적으로 사안을 결정할 능력이 있다.

그럼에도 불구하고 간추린 형식의 보고서는 메시지의 맥락을 파악하기 어려우므로 실시간으로 커뮤니케이션을 하기 힘든 하이브리드 워크에 적합하지 않다. 우리는 하이브리드 워크 시대에 진입하고 있다. 아무리 선배나 상사라고 해도 보고서를 확인할 때마다 비동기 상태인 부하 직원을 매번 불러서 설명하도록 지시하기는 힘들 것이다. 앞으로 의사결정 회의는 대부분 서면으로 대체되고 주요 협업이나 논의가 필요할 때만 시간을 정해서 회의하는 문화가 정착될 것으로 전망된다. 그래서 필자는 이 흐름에 맞는 커뮤니케이션 수단으로 내러티브 글쓰기, 그중에서도 '서술형 개조식 글쓰기'에 주목할 필요가 있다고 본다. 서술형 개조식 글쓰기는 기본 구조를 항목과 키워드로 체계화하되 각각의 항목에 맥락과 스토리텔링을 적용하는 방식이다. 다음 사례로 자세히 살펴보자.

인사팀에 근무하는 L 매니저가 있다. 그는 자신이 쓴 보고서들이 엄청나게 뛰어나진 않지만, 꽤 괜찮은 정도라고 평가하고 있었다. 하지만 큰 착각이었다. 사건은 비대면 화상회의 문화 개선 프로젝트에서 발생했다. L 매니저는 그 프로젝트의 PM을 맡았고 그간 준비한 내용을 경영진에게 화상회의를 통해 보고했다. 그는 자신 있었다. 하지만 평범한 루틴으로 진행될 줄 알았던 그날의 보고는 경영진들의 지적으로 마무리됐다. 경영진들은 특히 보고서가 문제라고 했다. 무엇이 문제였을까? 다음은 L 매니저가 작성한 보고서다.

제목: 회의 관행 개선 프로그램 도입

① 목적
- 코로나19 이후 늘어나는 화상회의 등으로 인해 효율적인 방법의 필요성 대두
- 불필요한 회의를 줄이고 업무 생산성을 높여 이상적인 재택근무 정착 및 리모트 워크 문화 개선

② 제안 내용
- 회의 개최자가 회의 목적/내용을 사전에 공지하고 미리 회의 내용을 숙지할 수 있도록 제도화
- 회의 개최자는 회의 적정시간을 판단하여 30~60분 미팅으로 사전에 미팅의 아젠다, 순서 등을 공지
- 회의는 정해진 시간 내에서 진행하도록 하며 회의 후에는 반드시 미팅을 기록

③ 기대 효과
- 회의 시간 단축으로 전반적 업무 효율성 증진
- 재택근무의 업무 몰입도 및 만족도 증대
- 회의 내용 사전 숙지 및 미팅 기록으로 실행력 증가

④ 필요사항&계획
- 화상회의 툴 사용법 및 교육 과정
- 단계별 시험 운영 후 전사 확산

첨부: 추진 과제 및 실행 계획

L 매니저가 작성한 보고서는 앞에 번호를 붙여서 중요한 요점을 짧게 나열하는 개조식 구성이다. L 매니저는 기존에 쓰던 양식에 맞춰 보고서를 썼고 큰 문제라고 생각하지 않았다. 보고서를 다 쓰고 팀장에게 이메일을 통해 보냈다. 그런데 대뜸 팀장이 전화해왔다.

팀장 L 매니저님, 내용은 잘 준비했어요. 그런데 경영 라인에서 정작 관심 있는 내용은 빠지고 뭔가 밋밋한 내용이었던 것 같습니다. 임원 보고를 비대면으로 할 때는 핵심과 스토리가 드러나야 하는데 그런 게 빠져 있어요. 생각해봐요. 비대면이라서 안 그래도 집중력 떨어지는데 상대의 눈과 귀를 끌 만한 내용으로 전개가 되었다면 더 좋지 않았을까요? L 매니저님, 이 주제로 인터뷰도 많이 하고, 업계 관계자들도 만나봤죠? 배경이나 맥락에 대한 설명도 조금은 더 친절하게 담겨 있으면 좋을 것 같습니다. 짧은 시간에 보고가 이뤄지고, 서면으로 먼저 보고서를 볼 테니까요. 자세한 배경과 왜 이걸 해야 하는지에 관한 내용이 더 담기면 좋을 거 같아요.

L 매니저 아, 그렇네요….

L 매니저는 아차 싶었다. 이번 프로젝트는 비대면 회의 문화를 개선하고 프로세스를 만드는 일이었다. 본인도 비대면에 맞게 보고서를 작성했으면 어땠을까? 그런 아쉬움이 들었다. 직원들 피드백 중에 재미있는 내용도 많았다. L 매니저는 그런 것들을 보고서에 담았으면 좋았겠다는 아쉬움이 들었다.

L 매니저의 보고서에 부족했던 건 '스토리텔링'이다. 마케팅 분야에서도 스토리텔링은 이미 폭넓게 쓰이고 있다. 베트남 전쟁 당시 가슴 속 지포 라이터 덕에 미 육군 병사가 목숨을 건졌다는 이야기와 어떤 프랑스 귀족의 신장결석을 치료했다는 걸로 유명해진 프랑스 생수 브랜드 에비앙의 이야기는 스토리텔링의 힘을 보여주는 대표적인 사례다. 하지만 사람들은 스토리를 너무 어렵게 생각한다.

"스토리를 입히라고요? 우리 회사에는 이미 정해진 틀이 있어서 그렇게 말랑말랑(?)하게 못 써요."

보고서의 스토리텔링에 대한 일반적인 반응이다. 하지만 필자가 말하는 스토리는 논리적이고 설득력 높은 보고서의 흐름과 연관돼 있다. 우리는 보고서를 통해 상대의 눈길을 사로잡고 그들의 생각을 바꿔야 한다. 보고서 쓰기는 물건을 파는 것과 비슷하다. 스토리가 있는 상품과 스토리가 없는 평범한 상품이 있다면 당신은 무엇을 선택하겠는가? 품질에 차이가 없다면, 당연히 스토리가 있는 상품에 관심을 둘 것이다.

《무기가 되는 스토리》로 유명한 도널드 밀러는 우리는 성공한 영화, 애니메이션 등에 있는 스토리텔링의 흐름에서 보고서의 힌트를 얻을 수 있다고 했다. 성공한 콘텐츠의 스토리에는 공통점이 있다. 첫째, 우선 모든 픽션이든 논픽션이든 주인공이 등장한다. 둘째, 그 주인공이 난관에 직면한다. 주인공이 해결하기 힘든 어떤 문제점이 생긴다. 셋째, 주인공의 절망이 절정에 달했을 때, 그를 도와주는 가이드가 등장해 극적으로 해결책을 제시한다. 넷째, 가이드는 주인공에게 행동을 촉구한다. 마지막으로 주인공은 가이드가 제시한 계획에 따라 성공을 거두게 된다.

이해를 돕기 위해 드라마 〈오징어 게임〉을 예로 들어보자. 앞서 설명한 스토리텔링의 구조, 흐름과 100% 일치한다. 오징어 게임은 456억 원의 상금이 걸린 의문의 서바이벌에 참여한 사람들이 최후의 승자가 되기 위해 목숨을 걸고 극한의 게임에 도전하는 이야기를 담았다. 오징어 게임의 주인공은 성기훈(이정재 분)이다. 성기훈은 수억의 빚을 지고 인생의 막장에 서 있는 상황이었다. 그런 그에게 456억 원의 상금이 걸린 게임에 참가할 기회가 주어진다. 그리고 그 과정에서 수많은 난관에 부딪힌다. 그리고 역경을 극복한 다음에 팀을 이루게 되는 오일남(오영수 분), 쌍문동의 천재 박상우(박해수 분), 새벽(정호연 분) 등의 도움을 얻어 결국 승리를 거두었다. 수십, 수백 년의 시간 동안 사용된 스토리텔링 구조다. 그리고 이 구조는 보고서의 논리를 설계하는 일에 큰 도움이 된다. 생뚱맞다고 생각되는가? 하지만 그렇지도 않다. 순차적으로 스토리텔링 구조를 적용해보자.

첫째, 주인공을 설정한다. 보고서에도 주인공이 있다. 보고서의 주인공은 누구일까? 경영진? 관리자급의 상사? 아니다. 보고서의 주인공은 대부분 내부 직원이나 외부인(협력사, 고객 등)이다.

둘째, 주인공은 위기에 직면한다. 예시를 들어본다. 최근 고객들은 당신이 담당한 제품을 사용하는 과정에서 불편함을 느꼈다. 그들은 제품의 단점 때문에 사용하기 꺼려진다고 한다.

셋째, 주인공의 절망이 빠졌을 때, 그를 도와주는 가이드가 해결책을 제시한다. 이제 당신은 가이드로서 고객의 불편을 해결할 방안을 찾는다. 가이드는 고객을 돕기 위해 경쟁사의 상황, 벤치마킹 등을 포함해서 문제를 살펴야 한다.

넷째, 가이드는 주인공에게 행동을 촉구한다. 당신은 해결책을 제시하고 고객에게 제품의 체험을 유도한다. 이제 주인공인 고객은 솔루션을 체험한다.

마지막, 주인공은 가이드가 제시한 계획에 따라 성공을 거둔다. 고객은 만족을 느끼고 문제를 해결한다. 보고서에서는 이 부분을 기대 효과(결과)로 작성한다. 구조만 봐도 흥미로운 이야기를 담길 것 같다. 앞에서 살펴본 L 매니저의 보고서에 이를 적용해보자.

이전과 다르게 수정된 보고서는 임직원들의 관점에서 스토리를 풀어갔다. 직원들의 니즈와 문제점이 각각 존재하는 상황을 설명하고 재택근무에 따른 문제를 해결하기 위한 솔루션을 제공했고, 이와 함께 문화개선 프로그램이라는 구체적인 방법과 프로세스를 제시했다. 그리고 직원들이 겪는 고충의 배경에 대해서 구체적으로 인터뷰 내용을 담고 있어서 전후 맥락에 대한 파악이 쉽다. 같은 내용이라도 보고서에 어떤 스토리로 담아내는지에 따라 전달력이 확연히 달라진다.

제목: 회의 관행 개선 프로그램 도입

① 우리의 상황(주인공, 문제 현상)

- 코로나19로 인한 재택근무 증가로 불필요한 화상회의가 폭발적으로 늘었다. 현재 자사의 일 평균 회의 시간은 2시간이다. 이전보다 50% 이상 증가했다. 최근 사내 구성원을 대상으로 '화상회의' 관련 설문조사를 실시했다. "화상회의 때문에 정작 중요한 업무를 할 시간이 턱없이 부족하고 업무 집중도나 효율성이 떨어진다"는 의견이 다수를 차지했다. 결과적으로 조직 내 늘어난 화상회의로 인해 불만이 커지고 있다. 효율적인 회의 방법에 대한 논의가 필요한 실정이다.
  - * 붙임. 주요 대기업 1일 평균 회의 시간 데이터

② 솔루션(가이드와 해결 방안)

- 비대면 회의 제도 개선을 위한 솔루션으로 '30분 미팅 제도'가 있다. 이는 회의 개최자가 적정 진행시간을 판단하고 30분 이내로 미팅을 하는 제도다. 회의 개최자는 사전에 주요 과제와 서술식으로 작성된 보고서를 공유한다. 그리고 참가자들이 미리 내용을 숙지하고 회의에 참여할 수 있도록 해야 한다. 회의는 사전에 정해진 시간 내에서만 진행한다. 이후에는 반드시 회의록을 작성하고 전체 참가자 및 불참한 직원들과 공유하자. 이 과정을 제도화하는 것이 필요하다.

③ 기대 효과(결과)

- 솔루션으로 회의시간을 합리적으로 줄이고 전반적인 업무의 효율성이 높아진다는 기대를 해볼 수 있다. 직원들은 사전에 회의 내용을 숙지하고 회의에 참여한다. 이로 인해 더 건설적인 논의가 가능해진다. 또한, 회의록 작성 및 공유로 단순히 회의를 위한 회의에 그치지 않게 한다. 직원들은 솔루션을 통해 실행력을 높일 수 있다. 그리고 무엇보다 업무 몰입에 방해를 받지 않을 것이다. 장점으로는 성과 향상과 업무 만족도 향상을 들 수 있다.

④ 단계별 진행 계획

- 차주 내로 30분 미팅 제도에 대한 사내 공지 및 회의 개선 프로그램과 교육을 먼저 진행한다. 달라지는 회의 문화에 대해 조직원들의 이해도를 높이고 회의 문화 개선에 대한 사내 캠페인을 진행할 계획이다. 또한, 원활한 화상회의에 도움이 되도록 회의 관련 인프라를 개선한다. 재택근무 직원들을 위해 기존 플랫폼 내 회의 관련 각종 템플릿을 활용할 수 있도록 조치한다.

* 첨부: 문화 개선 추진과제 실행계획. 끝.

아마존은 보고서에 맥락을 담는다

당신이 왜 이런 보고서를 작성하게 됐는지, 왜 이런 기획을 하게 되었는지 독자는 모를 수도 있다. 대면 근무 중에 이런 일이 있다면 보고서를 제출하면서 맥락을 말로 설명했을 것이다. 하지만 비대면 근무 중에는 독자의 궁금증에 바로바로 말로 대답하기 힘들다. 이렇듯 즉각적인 대응이 불가능하므로 비대면 상황에서는 독자를 충분히 배려해야 한다. 다음은 실제 사례를 각색한 내용이다.

무조건 간결한 보고서가 능사는 아니다

신사업 기획팀에서 마켓 리서치를 담당한 A 대리는 팀장님으로부터 경쟁사 동향을 조사해 보고하라는 지시를 받았다. A 대리는 보고서를 정리해 보고했다. 그런데 팀장님이 메신저로 불같이 화를 내더니 화상회의를 하자고 연락이 왔다. 다음은 A 대리의 경쟁사 동향 보고서 중 일부다.

제목: 경쟁사 동향 보고

---

① 조사 개요: 지난 3월 1일부터 31일까지 경쟁사 주요 활동 내용이며, 주요 특징으로는 A사의 신제품 발매와 B사의 신규 프로모션 활동이 있음

② 경쟁사 세부 활동 내용

1) A 경쟁사: A 경쟁사는 지난 3월 3일 신제품을 발매했으며, 런칭 프로모션으로 라이브 커머스 행사를 진행했고, 200대 한정 판매 행사에서 1시간 만에 완판을 이룰 정도로 시장의 반응이 뜨거웠음

2) B 경쟁사: B 경쟁사는 3월 2주 차부터 봄 시즌 특별 할인 행사를 진행 중이며, 전품목 30% 할인으로 주요 마트에서 행사를 2주간 진행했음, 동 기간 판매는 전년 대비 20% 상승한 것으로 판단됨

③ 기타 사항: 3월 유통 시장은 지난해 같은 기간보다 10% 성장했으며, 점차 시장이 살아나는 상황으로 지속해서 경쟁사와 시장 상황에 민감하게 대응해야 할 것으로 판단됨

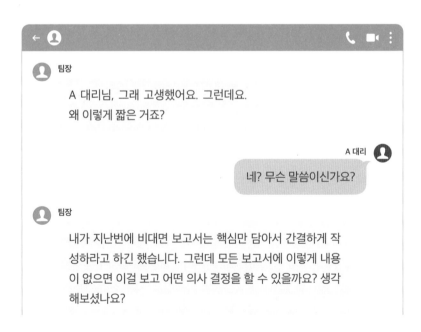

팀장
> A 대리님, 그래 고생했어요. 그런데요.
> 왜 이렇게 짧은 거죠?

A 대리
> 네? 무슨 말씀이신가요?

팀장
> 내가 지난번에 비대면 보고서는 핵심만 담아서 간결하게 작성하라고 하긴 했습니다. 그런데 모든 보고서에 이렇게 내용이 없으면 이걸 보고 어떤 의사 결정을 할 수 있을까요? 생각해보셨나요?

A 대리

아…네. 다음부터는 조금 더 자세히 보고서를 작성하도록 하겠습니다.

팀장

그리고 왜 C 경쟁사는 빠졌죠?

A 대리

아, 제가 생각하기엔 중요도가 낮다고 생각해서요.

팀장

왜 중요도가 낮죠?

A 대리

그건…제가 조금 더 조사해서 C사도 포함하겠습니다.

팀장

그건 그렇고, 그럼 A사 신제품 런칭이 우리 자사 어떤 제품하고 시장이 겹치나요?

A 대리

아, B 제품입니다.

팀장

그럼 B 제품 매출에는 어떤 영향이 있었죠?

A 대리

그것도 조금 더 보완해서 말씀드리겠습니다.

팀장

그럼 B사 프로모션은 채널별 매출이 어떤가요?

> A 대리
>
> 그것도 조금 더 자세하게 보고서에 담도록 하겠습니다.

팀장

A 대리님, 이건 대면 보고할 때도 미리 대응해야 했을 요소이기도 합니다. 비대면 상황에서는 보고서만으로도 의사 결정권자가 이해가 100% 되도록 자세하게 전후 맥락이 담긴 보고서가 작성돼야 합니다.

간결하게 작성하라고 해서 항상 모든 보고서가 그렇게 작성돼야 하는 건 아닙니다.

비대면이라는 상황을 고려해서 보고서 장표를 가득 채워야 하는 경우도 있어야 해요. 그리고 경쟁사 활동이 우리 회사에 미치는 영향이나 상황을 더욱 자세하게 기록했으면 합니다. 그래야 의사 결정을 할 수 있겠죠?

> A 대리
>
> 네, 명심하겠습니다.

A 대리는 독자를 고려하지 않고 보고서 쓰는 실책을 범했다. 그 결과로 독자인 상사는 보고서를 봐도 시장의 전체적인 상황을 파악할 수 없었다. 왜 그랬을까? 이유는 자료를 정리한 실무자 A 대리가 팀장이 프로젝트의 배경을 전부 다 알고 있다고 생각해 보고서에 아주 간단한 정보들만 정리해둔 것에 있다. 그 결과, 팀장은 배경 지식이 제외된 보고서를 검토하면서 답답함을 느껴야 했다. 비대면 상황에서 A 대리에게 즉각적으로 묻기도 힘들었을 테니 말이다. 이번 사례에서 A 대리는 그의 상사를 배려해 더 친절하게 논점의 맥락과 상황을 담았어야 했다.

비대면 상황에서의 좋은 보고서는 무엇이고, 그건 어떻게 쓰는 걸까? 아마존의 '워킹 백워드'가 이에 대한 좋은 예시가 될 것이다. 아마존의 워킹 백워드는 말 그대로 거꾸로 일한다는 뜻이다. 일반적인 기업에서는 상품 기획 부서가 시장조사를 기반으로 제품과 서비스 아이디어를 내고 상품 개발을 진행한다. 하지만 아마존에서는 고객의 니즈로부터 시작해 그에 따라 조직이 움직인다. 그들은 스스로 묻는다.

1. 당신의 고객은 누구인가?
2. 고객이 겪는 문제나 고객으로부터 발견할 기회는 무엇인가?
3. (이 제품 혹은 서비스로 인해) 고객이 얻는 가장 중요한 혜택은 무엇인가?
4. 고객이 (이 제품 혹은 서비스를) 필요로 하는지 혹은 원하는지 어떻게 알 수 있는가?
5. 고객 경험은 어떻게 표현될 수 있는가? 어떤 모습인가?

질문에 대한 답이 확실해지면 그다음으로 최종 제품 혹은 서비스가 산출됐을 상황을 상상하고 최종 런칭 보도자료와 FAQ를 작성한다. 일반적으로 보도자료는 제품 발매 시점에 맞춰서 홍보팀이 만드는 경우가 일반적이다. 그리고 작성도 기획팀이 아니라 홍보 담당자가 하는 경우가 많다. 하지만 아마존은 기획자가 보고서를 작성한다.

위킹 백워드의 보도자료에는 일정한 구성이 있다. 제목, 부제목, 제품의 세부사항, 고객이 얻는 혜택, 담당 책임자의 말 등이 구성에 포함된다. 그리고 추가 정보와 세부적인 내용은 FAQ에 담는다. 마치 제품 소개 행사를 기획하는 것처럼 말이다. 전후 관계와 배경이 담긴 보도자료 덕분에 독자는 보도자료를 통해 서비스가 출시됐을 때의 모습을 머릿속에 떠올릴 수 있는 것이다.

◆ 아마존의 워킹 백워드 프로세스

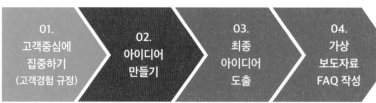

01.
고객중심에
집중하기
(고객경험 규정)

02.
아이디어
만들기

03.
최종
아이디어
도출

04.
가상
보도자료
FAQ 작성

- 페르소나 선정
- 5개 질문에 답하기
→ 고객 특성,
　Pain Point 파악

- 가장 중요한 니즈
　정의
- 아이디어를 그림과
　글로 표현
→ 제품, 서비스 등
　솔루션 도출

- 아이디어를 검증
　하기 위한 방법론
　설계 / 검증 진행
- 고객의 혜택과
　이에 기반한 최종
　아이디어 선정

- 헤드라인, 고객
　인용 문구, 중요
　내용 요약 등을 보도
　자료 형태로 작성
- FAQ 작성
　(예상 질문에 대한
　답변, 예상 이미지 작성)

워킹 백워드의 프로세스는 다양하게 활용할 수 있다. 제품 기획만으로 한정할 필요는 없다. 다른 기획안이나 보고서에도 워킹 백워드를 적용해 이처럼 내러티브를 적용할 수 있다. 인사팀에서 어떤 제도를 기획했다면, 내부 임직원이 어떤 혜택을 얻을지 가정하고 보도자료를 작성하는 것이다.

이 방법도 상대 관점으로 본다는 점에서 앞서 설명한 스토리텔링과 비슷하다. 하지만 제품이 출시됐다는 가정에서 시작한다는 점은 다르다. 작성자는 가상 보고서를 쓰는 것이고, 이는 독자들에게 고객 경험을 강조하고 서비스의 장점을 생생하게 전달해준다. 보고서의 독자는 왜 이 제품이나 서비스를 준비하게 됐으며, 어떠한 과정을 걸쳐 출시하게 되는지 한눈에 살필 수 있다. 그리고 무엇이 중요하고 어떤 아이디어가 어떻게 기획안으로 연결됐는지 더 잘 이해하게 된다.

또 다른 방법으로는 협업툴에서 블랭크 차트를 적극적으로 활용할 수 있을 것이다. 블랭크 차트는 보고서의 뼈대가 되는 스토리의 핵심 메시지와 이를 뒷받침하는 내용을 이미지화한 것이다. 이를 활용하면 논리의 오류와 불필요한 내용, 빠진 부분을 한눈에 파악할 수 있다. 협업툴을 통해 보고서를 발전시키면, 효과적으로 전후 맥락을 살필 수 있고 내러티브를 더 탄탄하게 구성할 수 있다. 지금 글을 쓰고 있는 필자들도 협업툴을 통해 문서를 공유하고 화상회의를 진행하면서 이 책을 수정하고 스토리라인을 발전시켰다.

보고서를 잘 쓰려면 논리적 사고를 갖춰라

스토리텔링은 중요하다. 하지만 자칫 스토리만을 강조하면 설득력이 없는 보고서가 될 것이다. 그러니 보고서에 독자의 이해를 돕는 명확한 흐름과 글의 구조를 갖추는 게 필요하다. 주장의 근거도 정확하게 전달해야 한다. 근거는 신뢰할 만한 데이터를 활용하고 불필요한 그래프를 남용하는 것은 지양해야 한다. 전부 논리의 문제다. 보고서를 잘 쓰려면 논리적 사고가 바탕이 돼 있어야 한다. 논리적 사고는 어떻게 키울 수 있을까?

논리적 사고 키우기 1 | 확증편향에 빠지지 마라

특정 업무를 오랫동안 해온 직장인이라면 쉽게 빠지는 수렁이 있다. 바로 편협한 사고다. 오랫동안 반복적으로 업무를 수행하면 기존의 접근법에서 벗어나지 못하곤 한다. 인간은 본능적으로 자신의 믿음, 경험, 신념을 뒷받침하는 근거에 매달리고 자신의 주장이나 신념에 감정적으로 집착해서 편견에 사로잡히기 쉽다. 이런 경우는 아무리 논리적으로 접근해도 자신만의 논리에 갇힐 우려가 있다. 즉 확증편향confirmation bias에 빠질 수 있다. 하지만 하이브리드 워크가 도입됐고 일의 방식이 변했다. 기존의 방식을 고집하는 건 큰 의미가 없을 때가 많아졌다. 이제 확증편향에서 벗어나야 한다. 그를 위해 다음 내용을 명심하자.

첫째, 어떤 현상이나 해결책에 '왜?'라는 지속적인 질문을 던지며 근본적인 이유를 찾을 것.

둘째, 조직·업계의 관행과 일하는 방식을 계속 검증할 것.

셋째, 확증편향에 빠져 있는지 항상 자문할 것.

논리적 사고 키우기 2 | 트렌드를 파악하고 예측하라

시장의 변화가 가속되면서 이를 예측하는 건 무의미하다는 이야기도 나온다. 하지만 큰 그림을 그리고 중장기적인 관점에서 자신이 속한 산업과 고객의 변화를 조망하려는 노력은 여전히 필요하다. 고객과 파트너들의 니즈를 알아야 논리적인 전략을 세울 수 있다. 필자는 당신이 업계의 트렌드가 무엇인지 지속해서 확인하려는 자세를 가지길 권한다. 경쟁사는 시장을 어떤 관점으로 바라보고 접근하는지, 경쟁사의 제품에 고객들은 어떤 반응을 보이는지, 시장에 어떤 변화를 가져오고 파급력은 어느 정도나 될지 알아야 한다. 일상적인 관심이 당신의 경쟁력이 된다. 그러니 이 정보들을 바탕으로 미래를 향한 시나리오 쓰는 시도를 해보라. 미래에 발생할 수 있는 여러 상황을 고려하고, 가능성이 큰 시나리오를 작성해 대응안을 구체화하라. 그 과정에서 논리적 사고를 기르게 될 것이다.

논리적 사고 키우기 3 | 분석 역량을 높여라

글로벌 경영컨설팅 회사인 EY의 설문조사에 따르면 95%의 경영자가 "데이터 분석력이 코로나19 팬데믹 극복을 위한 가장 중요한 자산"이라고 답했다.* 바야흐로 AI시대가 된 것이다. 이를 증명이라도 하듯이 사적 데이터조차 폭발적으로 수집되고 있다. 그에 따라 데이터의 맥락을 파악하고 분석하는 역량이 뜨고 있다. 이제 가설만 가득한 보고서는 인정받지 못한다. 다양한 데이터를 분석하고 끊임없이 의문을 가지고 접근한 보고서가 잘 썼다는 평가를 받는다. 그런데 분석 역량을 높이려면 어떻게 할까? 의외로 방법론적인 큰 틀은 변하지 않는다. 데이터 분석에 있어서도 다양한 논리, 가설을 검증하며, 다양한 이해 관계자의 이야기를 듣는 것이 중요하다. 거시적인 관점에서 시장의 변화를 살피며 큰 그림을 그리는 연습을 꾸준히 해야 한다. 마지막으로 기술적인 역량을 이야기해본다. 파이선, R 등의 도구를 활용할 수 있는 통계분석 역량을 키워야 한다.**

아리스토텔레스에게 배우는 설득의 비법

대면 상황이든, 비대면 상황이든 우리가 보고서를 작성하는 이유는 상대를 설득하기 위함에 있을 것이다. 하지만 누군가를 당신의 이야기에 동의하게 하는 일은 그리 간단하지 않다. 설득을 잘하려면 어떻게 해야 할까? 고대 그리스로 가보자. 아리스토텔레스는 설득의 비법으로 로고스, 에토스, 파토스를 제시했다. 로고스는 메시지의 논리, 에

---

* 〈포스트 코로나 시대의 기업 경영환경은 어떻게 변화할까요?〉, PWC, 2021.
** Paul J. H. Schoemaker, Steve Krupp, and Samantha Howland, "Strategic Leadership: The Essential Skills", 2013. January-February.

에토스는 "화자話者 고유 성품"을 뜻한다. 말하는 사람의 체형, 자세, 옷차림, 목소리, 단어 선택, 시선, 성실, 신뢰, 카리스마 등이 모두 에토스에 속한다.

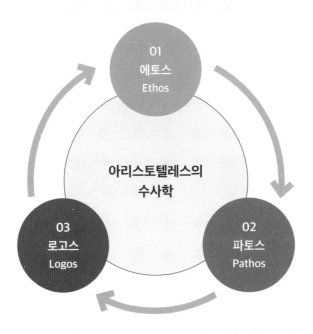

로고스는 그 어원상 '말'을 뜻하며, 이성의 원리. 즉 진리를 의미한다.

파토스는 듣는 사람의 심리상태, 감성을 말한다. 듣는 사람의 감정이나 감성은 중요한 설득 수단이 된다.

토스는 연사의 인격, 파토스는 청중의 감정이나 정서와 관련이 있다. 이 3가지 비법은 보고자, 보고서의 독자, 그리고 보고서의 내용과 메시지와 일치한다.

아리스토텔레스가 말한 설득의 3가지 요소를 보고에 적용해보자. 우리가 집중할 영역은 로고스와 파토스다. 에토스는 단기간에 바꿀 수 있는 영역이 아니니 잠시 미뤄둔다. 화자의 품격, 전문성은 단기간에 생기는 것이 아니다. 하이브리드 워크가 더욱 대중화되고 비대면 커뮤니케이션이 늘어나면 우리는 개인의 열정과 매력에만 기댈 수 없게 된다. 상대를 설득하기 어려워진다는 뜻이다.

하이브리드 워크에의 대표적인 커뮤니케이션 수단은 보고서가 될 것으로 보인다. 이제 설득을 위해 잘 써야 한다. 보고서에 자신만의 논리와 스토리, 그리고 전후 관계에 대한 자세한 맥락을 담을 수 있어야 한다. 아리스토텔레스 식으로 다시 설명해본다. 로고스가 보고서에 탄탄하게 담겨야 한다. 그리고 여기에 더해 보고받는 사람의 감정이나 성향과 니즈인 파토스를 고려해야 한다. 이 요소들을 바탕으로 작성하면 설득하는 보고서를 쓰게 될 것이다.

◆ 설득하는 보고서를 위한 체크리스트 ─────────────────

구분	체크포인트	
스토리텔링을 적용한 보고서 작성	보고서에 스토리텔링의 5가지 핵심 요소가 반영돼 있는가? 1) 고객의 이야기가 등장하는가? 2) 현상 분석: 고객이 겪는 어려움이나 고통, 니즈가 명확하게 분석됐는가? 3) 가이드: 고객의 문제를 해결하는 방향이 명시됐는가? 4) 계획: 고객이 만족할 솔루션을 제시하고 있는가? (측정 방법 포함) 5) 성공: 고객이 얻는 기대 효과를 명확하게 제시하고 있는가?	☐
	보고서의 핵심 요소를 기반으로 스토리가 전개됐는가?	☐
	블랭크 차트를 작성해서 스토리의 흐름을 점검하고 수정했는가?	☐
맥락이 담긴 보고서 작성	상대의 몰입을 위해 스토리를 입혔는가?	☐
	보고서에 전후 상황과 함께 맥락을 담아 구체적으로 작성했나?	☐
	보고서만 확인해도 결정권자가 올바른 의사 결정이나 판단을 내릴 수 있는가?	☐
	정보 나열이 아닌 자사에 미치는 영향까지 고려했나?	☐
논리적 사고 강화	확증편향에서 벗어나려고 노력했는가?	☐
	트렌드를 파악하고 예측하려는 노력을 지속했는가?	☐
	분석 역량을 갖췄는가?	☐

8

리더는 어떻게 읽고 답해야 하는가?

장

자신들이 무엇을 왜 원하고, 또 다른 사람들의 협력과 지원을 얻기 위해
자신이 원하는 것을 설명할 줄 아는 사람이 리더이며,
이러한 능력을 위해 리더는 무엇보다 문장력을 갖춰야 한다.

워런 베니스, 《뉴리더의 조건》

대면 근무에서의 피드백은 주로 한 방향으로 이뤄졌다. 리더들은 자기 팀원을 불러 수정해야 할 내용을 짚어줬다. 보고서 피드백도 종이에 빨간 펜으로 쫙쫙 줄을 긋고 본인의 의견을 적으면 그만이었다. 하지만 하이브리드 워크 상황에서는 어떨까? 이런 방식은 당연히 불가능하다. 화상회의 툴을 통해 수정할 사항을 설명하거나 공동 작업이 가능한 소프트웨어(구글 독스 등)를 활용하는 방법이 있긴 하다. 하지만 현실적으로 생각해보자. 리더들은 대부분 새로운 디지털 도구의 활용에 익숙하지 않다. 그들은 피드백 주는 일 자체가 새로운 업무 같다고 느끼고 있다.

리더를 위한 원격근무 커뮤니케이션

직장인들은 대부분 재택근무나 원격근무를 선호한다. 그것과는 별개로 중간 관리자 이상의 직원들은 재택근무를 부정적으로 보고 있다. 협업 소프트웨어 스타트업 플로우Flow가 자사의 소프트웨어를 사용하는 직장인 3천 명을 대상으로 벌였던 '플로우 사용자 재택근무 실태조사'를 보면 이를 잘 알 수 있다.

대표·임원 응답자의 65.5%는 재택근무에 부정적이었고 중간 관리자의 45%도 마찬가지였다. 반면 실무자의 45.5%는 재택근무 이전과 업무의 집중도는 같다고 답변했으며, 18.4%는 오히려 올랐다고 응답했다. 이렇듯 재택근무를 두고 리더와 직원들 간의 '동상이몽'이 존재하는 것이다.

리더나 중간 관리자들이 재택근무가 생산성이 떨어진다고 응답한 이유는 복합적이다. 업무 공간과 생활 공간이 분리되지 않기에 집중력이 저하된다는 문제가 있고 육아나 가사로 인해 업무에 집중할 수 없다는 의견도 있다. 하지만 리더들이 가장 불편하다고 느끼는 건 비대면 보고 및 업무 지시의 어려움이다. 필자는 리더들을 위해 비대면으로 업무를 진행하면서 겪게 될 상황과 그에 대한 해결 방안을 제시하고자 한다.

CASE 1 | 팀원들의 낮아진 몰입도

지금은 업무용 협업툴(줌, 팀즈, 슬랙, 잔디 등)이나 이메일처럼 장문의 글을 주고받는 커뮤니케이션 채널을 더 많이 사용한다. 글로 대화하며 업무를 지시하니 오해가 생기는 경우가 많고, 또 팀원들의 몰입도가 낮아지는 문제가 생긴다.

　　→ 해결 방안: 리더들은 팀원과 언제 어떤 커뮤니케이션을 주고받았고 어느 정도 업무 진척됐는지 확인할 필요가 있다. 필자는 리더가 팀원들 간의 커뮤니케이션 내용을 추적 모니터링 하길 권한다. 지시만 하거나 일방적으로 피드백하고 친밀감을 형성하지 않으면 팀원의 몰입도가 점차 낮아지기 때문이다. 주의할 점은 이러한 확인 모니터링이 통제 목적이 아닌 유대감을 쌓는 목적으로 점검한다는 것에 중점을 둬야 한다.[*]

CASE 2 | 피드백 커뮤니케이션의 어려움

시의적절한 피드백은 성과를 내기 위한 필수조건이다. 하지만 원격근무 환경에서는 그게 쉽지 않다. 원격근무 시의 커뮤니케이션은 대부분 글로 서술해 내용을 전달하는 방식으로 진행된다. 리더는 글로만 전하는 피드백을 잘 쓰기도 힘들어하고 그가 잘 써도 잘 읽지 못하는 구성원이 있기 마련이다. 당연하다. 글로 하는 피드백은 혼선이 생기기 쉽고 구성원들에게 의견이 제대로 가닿지 않을 때가 많다.

　　→ 해결 방안: 직원별로 편한 시간을 정하고 실시간 커뮤니케이션을 진행한다. 하루 몇 분이라도 꼭 모이도록 한다. 모든 직원이 온라인에 접속하는 시간을 정하는 것도 바람직하다. 화상회의

---

[*] "Common challenges of virtual leadership in 2021", Pragmatic Thinking, 2021.

시에 화면 공유 등을 수시로 한다. 마지막으로 중요한 것이 있다. 리더는 반드시 글로 전하는 피드백의 내용을 제대로 팀원들이 이해했는지 확인해야 한다.[*]

CASE 3 | 커뮤니케이션 스타일의 차이

누구나 선호하는 커뮤니케이션 스타일이 있다. 어떤 팀원은 직접 대면하거나 전화 통화가 편하다고 한다. 반면, 어떤 팀원은 전화 통화보다는 이메일처럼 비대면 상황에서 정리된 글을 주고받는 커뮤니케이션이 좋다고 한다. 각자의 스타일에 그때그때 맞추긴 피곤하다. 비효율적인 일이다.

→ 해결 방안: 리더들이 팀원들과 협의해 소통의 기준과 팀의 룰을 정한다. 비대면 상황에서 글로 주고받는 커뮤니케이션할 때는 어떤 기준을 가지고 전달하며 어떻게 체크하라는 명확한 기준이 설정돼야 한다. 기준이 구체적일수록 커뮤니케이션의 오류는 줄어들 것이다.

그래도 피드백은 어렵다. 그 이유는 피드백을 주는 사람과 받는 사람 간의 생각의 차이가 존재하기 때문이다. 그럼 다음 상황을 살펴보자.

---

[*] Alec Levenson and Patrick McLaughlin, "New Leadership Challenges for the Virtual World of Work", MIT Sloan, 2020.

팀원의 생각

국내 중견그룹 계열사에서 일하는 J 대리는 최근 부임한 K 팀장님에 대한 기대가 컸다. 그는 실무자로 일했을 때 회사에서 엄청난 성과를 보여줬던 입지전적인 인물이었다. 특히 기획서 작성이나 커뮤니케이션에 일가견이 있는 실무자라는 소문이 자자했다. J 대리는 K 팀장에게서 많은 도움과 지도를 받게 되겠다고 생각했다. 성장의 기회라는 막연한 기대감도 있었을 것이다. 하지만 J 대리의 기대는 갈수록 실망으로 바뀌고 있다. J 대리는 이번 프로젝트의 기획서 초안을 작성하게 됐다. 새로 온 K 팀장도 이 업무를 J 대리에게 맡겼다. J 대리는 K 팀장에게 인정받기 위해 공을 들여서 기획서를 작성했다. 사업 계획의 핵심은 야심 차게 새로운 플랫폼 도입으로 잡았다. J 대리는 그동안 조사했던 내용을 기반으로 열과 성을 다해 작성했다. 그리고 K 팀장에게 내용을 보고했다. J 대리는 K 팀장에게 어떤 피드백을 받을지, 그를 바탕으로 기획서가 어떻게 발전할지 궁금했다. 하지만 현실은 기대와 달랐다. J 대리는 K 팀장으로부터 부정적인 피드백을 두 차례나 받았다. 그리고 더 큰 문제는 K 팀장은 제대로 된 피드백을 주지 못한다는 것이었다. 화상회의로 보고서 리뷰해서 그랬는지도 모르겠다. 피드백 내내 대화가 겉돌았다. 그 탓에 J 대리는 보고서의 어떤 점을 수정해야 할지 감이 영 잡히지 않았다. 피드백은 반복됐지만 상황은 갈수록 불편해졌다. 초반엔 J 대리는 K 팀장에게 자세한 가이드를 달라고 요청도 해봤다. 하지만 그 과정이 몇 차례 반복될 뿐이었다. 보고서도, 가이드도 나아지는 게 없었다. 서로 민망한 상황이 이어졌다.

팀장의 생각

K 팀장은 그 나름대로 J 대리의 기획서 작성에 불만이 있다. 본인은 제대로 지시도 했고 피드백도 했다. 그런데 여전히 말했던 사안이 반영되지 않았다. 차라리 직접 기획서를 쓰는 게 쉽겠다는 생각이 들었다. 답답한 마음에 피드백을 반복해서 주지만 도돌이표다. 설상가상으로 비대면이라서 하나하나 피드백을 주기도 어렵다. 서면 보고 때는 기획서에 끄적끄적 써서 피드백을 줬었다. 하지만 비대면으로 일하니까 그것도 할 수 없다. 어떻게 해야 할지 막막하다. 최근에 여러 툴이 있다고 한다. 막상 활용하려고 보니 K 팀장의 손에 안 붙는다. 게다가 K 팀장은 기획서 작성은 교육도 받고 경험도 많지만, 검토 피드백은 해본 적도, 교육을 받아본 적도 없었다. 어쩌면 좋을까? K 팀장은 막막했다.

충분히 있을법한 일이다. 필자가 짐작하기로, K 팀장과 J 대리의 동상이몽은 자신의 기준으로 준 K 팀장의 가이드에서 시작됐을 확률이 높다. K 팀장이 J 대리에게 설명을 충분히 하지 않았기 때문에, J 대리는 충분한 피드백을 받지 못했다고 느꼈을 것 같다는 말이다. 예를 들어 이렇다. 선수 시절에 무명이었지만 지도자가 되면서 명장 반열에 오르는 경우가 있다. 대한민국 최초의 4강 신화를 이룬 거스 히딩크 감독도 선수 시절에는 무명에 가까웠다. 그뿐만이 아니다. 독일 축구 국가대표팀의 월드컵 우승을 이뤄낸 요아힘 뢰프 감독도 그랬다. 이들은 무엇이 달랐을까? 무명인 만큼 지도자로서의 기회도 적었을 것이다. 그런데 그들은 어떻게 명감독이 될 수 있었을까?

무명이었던 그들은 유명 선수보다 기량이 부족했을 수는 있지만 그렇기에 자신들이 아는 것을 남들이 안다는 착각에 빠지지 않았을 것이다. 유명 선수들에게는 타고난 재능으로 당연했을 테크닉들이 다른 선수들에게는 그렇지 않을 수도 있다는 걸 이해했을 것 같다는 이야기다. 그 어려움을 이해함으로써 선수들에게 좀 더 친절한 가이드를 제시하며 그들의 가능성을 더 끌어낼 수 있지 않았을까? 필자는 그렇게 생각한다. 기량을 타고났지만 게으른 선수, 노력해서 잘하는 선수, 기량과 노력을 겸비한 선수⋯. 무명 선수였던 감독들은 상대의 눈높이에 맞춰 가이드를 잘 설명하면서 선수들의 기량을 최대화했을 것이다. 그리고 K 팀장이 놓쳤던 게 바로 이 지점이다.

필자는 K 팀장, 그리고 조직의 리더들이 꼭 기억했으면 한다. 당신이 리더라면 좀 더 친절해져라. 팀원을 배려하지 않고 당신의 자기 기준과 업무 화법으로 그들에게 피드백을 준다면 팀원이 듣기에 어쩌라는 건지 모르겠는 난감한 가이드가 될 것이다. 일에는 알 수 없는 용어와 업무들이 수두룩하다. 일을 오랫동안 해온 당신에게 익숙한 것들이 다른 사람에게는 생소할 수도 있다. 특히 일을 처음 시작하는 신입사원에겐 당연히 더욱 그렇다. 그리고 당신의 능력도 누군가에게 지도를 받거나 여러 경험을 겪으며 성장해왔을 것이다. 팀원에게 제대로 된 피드백을 주고 싶다면 당신의 초년생 시절을 곱씹어보라. 어떤 점을 몰랐고 어떻게 설명을 들었을 때 빨리 배웠는지 생각해봐야 한다. 그럼 팀원에게 어떤 피드백을 어떻게 주면 좋을지 대략적인 방향성을 찾을 수 있을 것이다.

리더를 위한 보고서 검토 원칙 5

보고서도 마찬가지다. 리더인 당신에게 익숙한 일이라고 팀원의 마음이나 입장, 그리고 상대의 업무 지식을 자기 기준대로 생각하면 안 된다. 개구리 올챙이 적 생각 못 한다는 속담을 마음에 새길 시간이다. 다음은 보고서를 잘 검토하기 위한 원칙들을 정리했다.

1 | 목표를 검토하라

보고서를 검토하는 기술은 좋은 보고서를 쓰는 방법과 비슷하다. 시작은 쓰는 목적을 파악하고 그에 부합하는 보고서인지 살핀다. 동시에 이를 통해 얻고자 하는 것을 정의한다. 이런 과정은 당연하지만 사람들은 목적을 잊고 글을 쓰기도 한다. 당신이 헬스장에 갔다고 가정해보자. 이때 트레이너는 질문한다.

"왜 운동하려고 하세요? 살을 빼려고 하시나요? 아니면 체력만 기르시나요? 아니면 보디 프로필 찍으려고 하시나요?"

트레이너는 당신의 목표를 확인하고 그에 맞는 솔루션을 제시하기 위해서 질문을 한 것이다. 목적에 따라서 운동 방법이 전혀 달라진다. 명확한 목표가 있어야 식단은 어떻게 하고, 운동의 강도와 루틴을 정할 수 있다. 하지만 목표가 확실하지 않다면 트레이너는 두루뭉술한 운동 프로그램만 제시하게 될 것이다. 보고서도 마찬가지다. 리더가 보고서를 검토할 때 가장 먼저 확인해야 할 부분도 목표다. 보고서 검토에서의 목표는 무엇일까? 보통의 목표는 결정권자에게 정보를 제공하고 이를 통해 의사 결정을 하도록 돕고 그를 설득할 수 있을 정도의 완성도를 팀원의 보고서가 갖췄는지 확인해주는 것에 있다. 이를 염두에 두면 검토가 쉬워진다. 보고서를 읽는 독자는 보통 결정권자, 즉 상사나 임원진이다. 따라서 그들의 요구를 기준으로 보고서가 작성됐는지를 먼저 따져야 한다. 특히 리더는 작성자와 독자들의 성향을 동시에 고려해야 한다. 독자의 최근 관심은 무엇이고 회사의 주요 이슈와 방향은 무엇인지 등. 세세한 부분은 생각보다 많다.

2 | 내용 전개를 살펴라

목표 파악 후에는 보고서의 뼈대가 제대로 세워졌는지 확인해야 한다. 목차만 가지고 팀원이 전체 내용을 짧게 브리핑할 수 있다면 그 보고서는 탄탄하게 내용 전개가 되고 있다는 의미다. 잘 짜인 목차는 다음과 같은 기능을 한다.

- 목차는 글을 쓸 때 길을 잃지 않도록 하는 이정표 역할을 한다.
- 이야기의 분량을 적절히 안배할 수 있다.
- 이야기가 빠지는 걸 방지하며 반복되지 않도록 한다.
- 보고서의 통일성과 일관성을 유지하게 된다.

잘 쓴 목차에는 전체 흐름과 주장과 근거가 담겨있다. 목차 검토가 완료됐다면 리더는 전체 스토리라인을 살피도록 한다. 보고서가 막힘 없이 읽히는지, 어색함이 없는지 확인하는 것이다. 팀원을 위해 흐름이 적절한지 아니면 내용의 배치를 바꾸는 것이 좋을지 전략적 배치에 대해서도 고민해주는 게 바람직하다. 그리고 목차 구성 시 제목은 눈길을 끄는 것으로 작성됐는지 확인한다. 제목이 매력적이면 독자의 집중도를 높일 수 있기 때문이다. 참신함은 제목에서부터 시작된다. 기자들이 기사 작성 시 가장 신경 쓰는 것은 단연 제목이다. 이는 그 무엇보다 전달력에 큰 영향을 끼친다. 독자가 읽고 싶은 기사는 제목에서부터 시작된다. 보고서도 마찬가지다. 보고받는 사람의 관심과 눈길을 끄는 제목이어야 한다. 당신이 리더라면 팀원들에게 이런 점을 짚어줘야 한다.

3 | 인과 관계를 논리적으로 확인하라

보고서를 검토할 때는 주장과 근거가 논리적으로 제시됐는지, 논리의 오류가 없는지 살펴야 한다. 또한 논리적 비약과 요점 정리가 잘됐는지 검토한다. 보고서의 논리를 따지기 위해선 다음과 같은 질문들을 던져보는 것이 좋다.

Q. 핵심이 무엇인가? 간단하게 말해서 무엇을 주장(제안, 설명 or 의사결정 받고자)하고자 하는가? 나(보고 받는 사람)에게 어떤 행동을 하라는 것인가? 아니면 팀원들이 어떤 의사 결정을 원하고 있는가?

Q. 나는 왜 그 주장에 동의해야 하는가? 주장을 뒷받침하기 위해 어떤 이유를 제시할 수 있는가?

Q. 보고서는 어떤 사실에 기초해 주장을 내세우고 있나?

그 이유가 타당하다는 건 어떻게 아는가?

Q. 보고서는 어떤 것을 전제하고 있는가?

또 다른 걸로는 데이터의 인과 관계를 살피도록 하자. 우리는 숫자가 객관적이라고 생각한다. 하지만 숫자를 표현하는 방식 그 자체로 '수사학적인 선택'이다. 자신의 근거를 어떤 형식으로 표현하면 더 객관적으로 보일 것인지, 표로 나타낼 것인지, 그래프로 나타낼 것인지를 선택할 수 있다는 말이다. 내용은 같더라도 어떤 관점, 어떤 형태로 표현했는지에 따라 보고받는 사람에게 전달되는 의미가 달라질 수 있다. 매출 현황을 제품별로 볼지, 지역별로 볼지, 아니면 사업부별로 볼지, 담당자별로 볼지에 따라서도 인과 관계는 다 달라진다. 따라서 리더는 팀원의 보고서에 적힌 데이터도 꼼꼼하게 봐야 한다. 자료의 해석이 제대로 됐고 혹시 빠진 부분은 없었으며 숫자상의 오류는 없는지도 피드백에 포함된다.

4 │ 시각적인 디테일을 체크하라

눈에 보이는 부분의 마무리는 중요하다. 문장이 간결하고 명료하게 작성돼 있는지를 검토하자. 각 장표의 헤드 메시지는 2줄 이상 넘어가지 않도록 한다. 다음 표처럼 핵심적인 메시지 위주로 작성하는 편이 좋다. 바쁜 경영진이 헤드 메시지만 읽고도 충분히 이해할 수 있도록 작성해야 한다. 이때, 필요한 건 시각적인 디테일이다. 리더는 팀원이 디테일을 챙기며 보고서를 작성했는지 살피도록 하자.

◆ 자동차 리테일의 변화양상

시장 트렌드의 변화로 인해 고객이 중요하게 생각하는 것과 딜러십의 터치 포인트가 변화하였으며 경쟁 구도가 다변화함.
☞ 새로운 전략적 접근이 필요함.

	고객	딜러십	Key Findings
제품 및 고객 경험	차량의 기능성과 딜러 경험 만족도를 중요시함, 리모트 셀링 경험이 이제는 뉴노멀로 자리잡고 있음	기능성과 성능, 안전 중심의 마케팅을 지속하되, 고객의 로열티를 추구하며, 리모트 셀링을 강화함	· 고객의 차량에 대한 인식 변화를 의식한 새로운 딜러십 전략이 필요함 · 지역 및 개인에 맞춤화된 세일즈/서비스 제공을 위해 주도적으로 데이터를 수집하고 전략적으로 활용하는 역량이 필요함 → 넥스트 뉴노멀의 도래
개인화	차량이 업무 및 개인 여가 기능을 둘 다 담당하며 개인 공간으로서의 의미를 가지게 됨	잘 갖추어진 가상 쇼룸이 기존의 딜러십 경험을 대체할 수 있으며, 핵심은 차량이 고객의 라이프 스타일에 얼마나 잘 맞는지에 대한 시연임	
유연성 & 편의성	그때그때 가장 적합한 채널을 선호, 특히 디지털 채널을 활용한 의사 결정이 늘어나고 있음, 완성차 판매 디지털 채널 13% 성장(유럽 내) → 사용자의 편의성 극대화, 딜러십의 디지털 채널, 마케팅 역량 강화 필요	새로운 경쟁 요인의 등장으로 인해 현재의 딜러 경험은 무의미해질 수 있음, 기존 역할에 충실하되 새로운 디지털 역량과 비즈니스 모델을 개발해야 함	

출처: The future of auto retailing, Deloitte, 2020.
　　　Reimagining the auto industry's future, Mckinsey, 2020.

핵심 키워드를 시각적으로 강조하는 것도 중요하다. 사람들은 약간이라도 색다른 방법으로 고정된 패턴을 깨는 이미지를 제시할 때 자동으로 거기에 집중하는 특성을 가졌다. 이를 '팝아웃 효과Pop-out effect'라고 한다. 문단 중간에 굵은 글씨로 표시하거나 색을 달리하면 시각적으로 집중하게 된다. 팀원의 보고서에 필요할 것 같다면 리더는 이런 부분들도 언급해줘야 한다.

그다음으로 생소하거나 어려운 단어, 약자들은 각주로 설명이 작성됐는지 점검해준다. 또한 외부 데이터나 참조자료는 근거가 명확히 작성됐는지 날카롭게 살피는 작업도 필요하다. 마지막으로 오탈자나 문법상 오류가 없는지 확인해준다. 실무자들이 가져오는 보고서나 문서에는 종종 오탈자가 있다. 원래 오탈자는 글을 쓴 사람한테는 안 보인다. 보고서의 오탈자를 잡아주고 문법상 오류를 수정하는 것도 리더의 역할이다.

5 | 예상 질문을 던지고 리스크를 파악하라

리더가 꼭 집어줘야 할 부분이 있다. 보고자에게 예상 질문을 던지고 그가 이를 제대로 대비했는지 확인하는 일이다. 리더는 실무자보다 경영진의 눈높이에서 질문을 던지기 쉬우므로 그는 일종의 워게임(비즈니스 전략 훈련용의 시뮬레이션 게임)으로 보고서에서 논리적으로 빈약한 부분과 대안을 확인해줄 수 있다. 다음과 같은 질문을 통해서 보고서를 점검하길 추천한다.

Q. ~한 경우에 대해서는 생각해봤는가?

Q. 누군가 ~라고 말하면/주장하면/반대하면/설득하면 뭐라고 대답할 것인가?

Q. 작성자의 의도와 다른 견해나 의견이 포함돼 있지는 않는가? 내/외부(혹은 인접부서)의 의견에 대해 어떻게 대응할 것인가?*

이처럼 팀원의 보고서에 담긴 내용 중 리스크가 없는지 리더는 철저하게 확인해야 한다. 지원 부서와의 협조가 필요하거나 제안한 업무를 추진하는 과정에서 발생할 법적 리스크는 없는지 파악하는 것도 리더의 역량이다.

협업툴 피드백을 위해 무엇을 해야 하는가?

앞서 비대면 환경에서 보고서 피드백을 잘하려면 어떤 것을 살피면 좋을지 알아봤다. 이번엔 협업툴 피드백에 대해서 말해보고자 한다. 우선 협업툴 피드백 스킬은 보고서 피드백과 거의 유사하다. 둘 다 일에 대해 검토하고 구성원의 역량을 향상하는 것은 결국 일맥상통하기 때문이다. 효과적인 피드백의 특징은 다음과 같다.**

* 조셉 윌리엄스 · 콜롬 지음, 《논증의 탄생》, 윤영삼 옮김, 크레센도, 2021, 62~63쪽.
** "피드백에 대한 모든 것(2) - 효과적인 피드백의 20가지 특징", 교육을 바꾸는 사람들, 2020.09.02.

1. 피드백은 목표 달성에 초점을 맞춘다.

2. 피드백은 업무 수행의 기준이 명확해야 한다.

3. 피드백은 충고, 칭찬, 평가, 지시가 아니다.

4. 피드백은 지원받는다는 느낌이 들어야 한다.

5. 피드백은 구체적이어야 한다.

6. 피드백은 명료하고 이해하기 쉬워야 한다.

7. 피드백은 단계별 수준을 고려한다.

8. 피드백이 부정적 느낌을 주지 않도록 노력한다.

9. 피드백을 적용할 시간을 고려해 적시에 제공한다.

10. 피드백은 지속적이고 일관성이 있어야 한다.

11. 피드백은 단순한 조언보다 상호 작용이나 질문 형식의 피드백이 효과적이다.

12. 피드백은 메타인지, 즉 자기 인식을 할 수 있도록 유도해야 한다.

앞서 언급한 비대면에서의 보고서 검토의 원칙과 거의 일치한다. 이미 말한 부분을 제외하고 협업툴 검토라는 특수성을 전제로 리더가 주의할 점을 다시 강조해보면 이렇다. 지적만 하고 책임을 다시 보고자에게 떠넘기는 피드백은 잘못됐다. 이른바 "무슨 말인지 알지? 알아서 잘해봐?" 방식은 곤란하다. 비대면 근무 중에는 보고자의 역량 향상을 위한 점진적 개발이 필요하다. 단계적으로 작성자의 역량이 향상될 수 있도록 리더는 충분히 가이드와 피드백을 제공해 작성

◆ 점진적 역량 개발 프레임워크

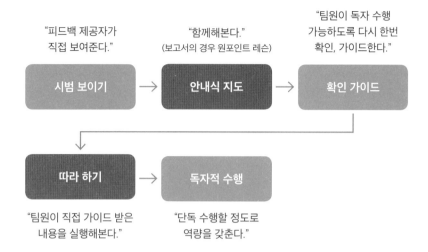

자 스스로 업무를 수행할 수 있도록 해야 한다. 이를 협업툴 피드백에 적용하면, 리더는 팀원이 업무를 제대로 완성할 때까지 반복적으로 피드백하는 게 숙달돼야 한다.

팀원이 협업툴을 통해 보낸 보고서의 스토리 전개가 부족해 수정이 필요하다면, 리더는 우수 케이스(보고서 작성 길잡이)를 협업툴의 화면 공유 기능으로 보여주고 지금 작성된 보고서와의 차이를 명확히 알려주도록 해야 한다. 그리고 팀원과 함께 수정해야 할 방향성에 대해 논의하고 작성하도록 하는 시간도 필요하다. 협업툴을 수월하게 사용할 수 있다면 비대면 커뮤니케이션이 편해질 것이다. 가령 팀즈는 화면 공유의 상태에서 여러 명이 함께 수정할 수 있다는 장점이 있다. 만약 팀즈가 없다면 구글 독스를 활용해 문서를 작성하는 방법도 있다.

리더가 피드백을 지속적으로 잘해줬다면 팀원의 역량은 눈에 띄게 향상됐을 것이다. 리더가 간단한 리뷰 정도만 해도 업무에 문제가 없을 정도로 말이다. 이때 리더는 팀원이 보지 못하는 혹은 생각하기 어려운 인접팀과의 관계, 경영진의 관심사항이나 리스크를 검토해주도록 한다. 나중에는 팀원 혼자서도 완벽한 보고서를 쓸 수 있게 될 것이다. 그럼 리더는 팀원에게 질문으로 체크만 하고 바로 경영진에게 보고를 진행해도 된다. 리더가 피드백을 잘하면 서로의 일이 간편해진다.

리더는 이런 말들로 쉽게 피드백한다.

"보고서에 더 많은 예시를 넣어봐요."
"표를 넣어서 한눈에 더 들어오게 하세요."
"핵심 질문을 넣어서 수정하세요."

하지만 부족하다. 이보다 더 구체적이어야 한다. 피드백은 단순한 칭찬, 평가, 충고, 지시가 아니다. 피드백의 목적은 작성자가 보고서의 목표에 제대로 다가가고 있는지 확인해주는 거다. 리더라고 어쭙잖은 충고만 전달한다면 팀원의 반감만 살 뿐이다. 충고에는 자세한 피드백이 따라와야 한다.

"보고서에 예시가 지금 하나인데 김 대리님이 보기엔 어떤 거 같아요?"
"조금 빈약해 보일 거 같은데, 혹시 다른 추가 예시나 사례가 있을까요?"

"보고서에 더 많은 예시를 넣어서 경영진이 확신을 가질 수 있도록 하는 게 어떨까요?"

리더가 구체적이고 자세한 가이드를 제공해줬을 때 팀원도 자신의 문제점을 빠르게 개선할 수 있을 것이다. "잘 썼네요", "여기 부분은 좀 임팩트가 약한데요", "보고서가 깔끔하게 잘 정리되었네요"라는 식의 대답은 피드백이 아닌 평가일 뿐이다. 피드백과 평가의 차이는 단순하다. 평가에는 작성자가 생각해볼 만한 내용이 없다. 리더라면 작성자에게 피드백을 줄 때는 왜 좋은지, 어떤 행동을 지속할지, 발전해야 하는지 등의 가이드를 제공해야 한다.

"보고서가 깔끔하게 잘 정리됐네요. 지난번에 말한 고객 인터뷰 및 사례 부분
　　　　　　　칭찬
이 보완돼서 더 근거가 탄탄해진 거 같아요. 그리고 고객의 목소리를 담아서 더 생생하게 느껴집니다. 앞으로도 이렇게 고객이나 시장 정보를 기반으로 보
　　　　　　　　　　　　　　　　　　피드백
고서를 작성해보세요."

리더들이 글로 피드백을 줄 때, 내용을 생략하거나 간략하게 진행하려는 경향이 있다. 물론 그렇게 해야 하는 건 맞다. 하지만 피드백 받는 사람이 맥락을 이해할 정도로 역량이 발전하기 위해서는 구체적이고 실행할 수 있는 정보와 가이드가 제공돼야 한다. 결국 보고서의 피드백은 목표, 구체적인 피드백, 그 이행을 위한 방향성 제시Feed Forward가 이뤄져야 한다는 것이다.

◆ 피드백, 제대로 하려는 리더라면 이것만은 꼭!

구분	체크포인트	
검토기술 1. 보고서를 보는 눈	간결함: 보고서가 핵심 메시지를 단순하게 전달했는가?	☐
	구체성: 보고서에 생생함과 구체성이 보였는가?	☐
	참신성과 의외성(인사이트): 경영진이 이미 아는 뻔한 내용, 패턴의 보고서인가?	☐
	스토리텔링: 스토리가 담겼는가? (현장의 목소리, 고객의 이야기 등)	☐
	논리력: 육하원칙을 적용해 작성됐는가?	☐
검토기술 2. 프로세스	목표 검토: 보고서의 방향(내용)과 목적이 명확하게 일치하는가?	☐
	목차 검토: 보고서의 뼈대가 제대로 세워져 있는가? 목차가 제대로 방향성을 잡고 작성됐는가?	☐
	논리 검토/근거의 정확성: 주장하는 바와 이를 뒷받침하는 근거가 명확하게 제시됐는가? * 논점 일탈의 오류, 자료의 오류, 인과 관계의 오류, 유추의 오류에 빠져 있지는 않은가?	☐
	문장, 장표 구성: 문장이 간결하게 작성됐는가? 헤드 메시지만 봐도 보고서의 내용이 잘 전달됐는가? 중요 키워드가 잘 강조돼 핵심 메시지가 눈에 띄는가? 어려운 단어, 약자는 각주로 친절히 설명됐는가? 오탈자, 숫자의 오류 등은 없는가?	☐
	예상되는 질문, 리스크 파악: 경영진의 관점에서 워게임 을 진행하면서 예상 질문을 도출했는가?	☐

구분	체크포인트	
검토기술 3. 피드백	점진적 역량 개발을 위한 접근을 하고 있는가? ①시범 보이기 → ②안내식 지도 → ③확인/가이드 → ④독자적 수행	☐
	보고서 협업툴 사용방법을 숙지하고 이를 잘 활용했는가? * 구글 독스, 팀즈 등 협업툴의 활용법을 반드시 숙지하고 활용할 줄 알아야 한다.	☐
	보고서에 대한 충고, 칭찬, 지시, 평가, 비판 등에만 집중하지는 않는가?	☐

주요 협업툴 분류

적절한 도구가 커뮤니케이션 비용을 낮춘다

하이브리드 워크는 직원들에게 시간 및 공간의 자율성을 허하는 일하는 방식이다. 그렇기에 조직 내 복잡성이 늘어나고 커뮤니케이션 비용 역시 증가하게 된다. 이를 적절히 해결할 수 있는 도구가 협업툴이다.

협업툴은 크게 3가지 목적과 8가지 기능으로 구분할 수 있다. 목적은 내/외부 커뮤니케이션과 협업으로, 기능은 채팅, 화상회의, 이메일, 캘린더, 파일 공유, 노트, 업무와 프로젝트 관리로 구분한다. 이미 우리보다 협업툴 사용에 익숙한 실리콘밸리의 많은 기업들은 자기들의 업무 목적에 맞는 협업툴을 활용하면서 경쟁력을 높인 바 있다. 국내에서는 메신저 기반의 협업툴이나 줌으로 대표되는 화상회의 등이 주로 쓰이고 있다.

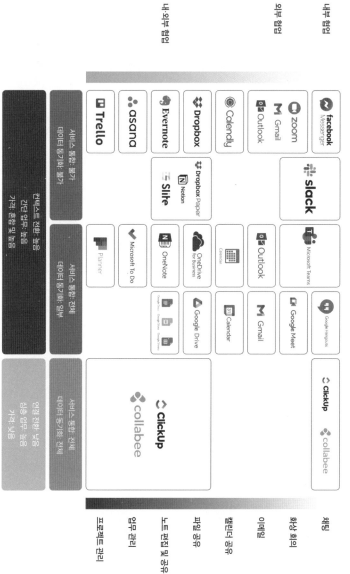

출처: collabee 홈페이지

글로벌 협업툴 현황

협업툴 시장을 선도한 서비스는 메신저 기반의 '슬랙'이라고 볼 수 있겠다. 하지만 슬랙이 대중화될수록 잦은 알람과 '즉각적인 답변'에 대한 강박으로 인한 집중력 분산 문제가 초래되고 있다. 기업들은 각자 목적에 최적화된 서비스를 갖춘 협업툴을 찾는 중이다. 슬랙으로 대표되는 실시간 메신저만으로는 커뮤니케이션과 협업을 모두 만족시킬 수 없음을 기업들이 깨닫게 됐기 때문이다. 특히 비대면 근무를 하는 회사가 늘어나면서 프로젝트 관리 도구인 트렐로^{Trello}, 아사나^{Asana} 등이 성장했다. 또한 단순히 1가지에 특화된 서비스가 아닌 마이크로소프트 오피스 365나 드롭박스 페이퍼^{Dropbox Paper}와 같은 올인원 협업툴도 인기다. 여러 서비스를 동시에 활용하는 것에서 오는 부작용을 올인원 서비스가 어느 정도 예방해준다. 기능이 통합된 툴을 활용하면 자연스럽게 컨텍스트 스위칭이 줄고 업무에 몰입할 수 있는 환경이 보장된다. 다음은 협업툴을 기능별로 나누고 각각의 대표 서비스에 대해 정리한 내용이다.

글로벌 협업툴들의 특징을 살펴보면 기업들의 특성과 목적에 맞는 협업 방식을 구체화할 수 있을 것이다.

메신저형 협업툴, 슬랙

슬랙은 1대 1 채팅, 파일 공유 및 관리, 그룹 채팅 등 효율적인 커뮤니케이션에 최적화된 메신저다. 이메일을 대체하겠다는 당찬 포부를 갖고 출발해 단숨에 메신저 시장의 리더로 자리매김했다. 다른 메신저 앱과 차별화되는 점은 '채널'이자 '플랫폼'

을 갖췄다는 것이다. 슬랙은 한 채널에 인원 제한 없이 필요한 부서의 모든 사람과 협업할 수 있다. 구글 드라이브, 줌 등 슬랙 앱 디렉토리에 있는 2,500개 이상 앱과 연동된다는 장점도 있다. 또, 별도 채널 및 그룹 생성 기능이 있어 커뮤니케이션을 체계화하기 쉽다. 예를 들어 공지 그룹, 마케팅 그룹, 앱 개발 프로젝트 그룹 등 목적에 따라서 분류할 수 있는 것이다. 외부 협업자도 초대를 통해 같은 그룹 내에서 대화를 주고받게 된다. @멘션 기능으로 담당자를 호출할 수 있다는 점도 유용한 기능으로 인정받는다.

화상회의 솔루션의 대명사, 줌

줌은 단순한 회의뿐 아니라 웨비나Web seminar, 채팅 기능도 갖추고 있으며 클라우드 전화 시스템으로도 활용도가 높다. 가장 큰 장점은 다양한 기능이다. 캘린더 통합, 소셜미디어 통합, 회의 및 이벤트 기록, 라이브 채팅, 참가자 역할 및 권한 설정, 파일 공유, 모바일 화면 공유 등이 있다. 오디오와 영상의 품질도 뛰어난 편이다. 화상회의 진행 시 최대 100명까지 참여할 수 있으며, 웨비나는 최대 1만 명까지 수용할 수 있다. 또, 줌 웹 사이트에서 바로 시스템을 설치할 수 있어 도입 과정도 간단하다. 시스템을 설치하지 않아도 링크를 통해 참여할 수 있어 유입 경로가 간단하다는 점도 큰 강점이다.

올인원 서비스, 마이크로소프트 팀즈

팀즈는 최근 가장 빠른 성장세를 보이는 협업툴이다. 마이크로소프트가 밝힌 팀즈 사용자 수는 2021년 초 기준 1억 1,500만 명이 넘는다. 이는 2019년 11월의 2천만 명에 비교하면 거의 6배 가까이 성장한 수치다. 팀즈는 메신저에만 그치지 않고 마이크로소프트 오피스365를 앞세워 화상회의는 물론 MS아웃룩, 마이크로소프트 투두, 원노트 같은 협업 도구를 통합한다. 특히 마이크로소프트가 개발하는 서비스 답게 다른 경쟁 협업툴의 장점을 팀즈에 빠르게 서비스한다.

스케줄링 툴, 캘런들리 Calendly

스케줄을 관리해주는 서비스는 다양하다. 하지만 캘런들리의 가장 큰 장점은 구글, 아웃룩, 오피스365, 아이클라우드 캘린더 등과 호환할 수 있어 흩어진 일정을 한 번에 관리할 수 있다는 거다. 여러 명이 입력한 일정도 한 페이지에 정리할 수 있다. 일정 알림은 누락되지 않도록 이메일과 문자로도 전송해준다. 최소 예약 통지 기능을 활용해 급하게 회의를 잡는 일을 줄이고, 회의의 일일 한도를 제한함으로써 비효율을 최소화하기도 한다. 외부 협업자도 초대해 사용할 수 있다는 장점도 유용하다. 다만 한국에서는 아직 널리 쓰이진 않는다.

프로젝트 관리 특화 툴, 트렐로 Trello

트렐로는 업무 관리를 위한 서비스로 어떤 일이 얼마나 진행됐는지, 진행 도중 발생하는 의견을 칸반 보드(작업을 시각화하고, 진행 중인 작업을 제한하며 효율성을 최대화하는 디지털 관리 도구)로 관리할 수 있다. 진행은 아이콘으로 확인할 수 있어 직관적이다. 업무의 우선순위를 관리하는 데 유리하고 효율적인 협업 진행을 돕는다.

비대면 근무 시 확인이 어려운 상황을 실시간으로 공유할 수 있어 리모트워크 기업에서 선호하는 서비스다. 특히 팀원의 업무를 조율하는 관리자에게 유용하다. 트렐로를 활용하면 불필요한 커뮤니케이션을 줄일 수 있고, 협업하는 사이의 신뢰를 높일 수 있기 때문이다. '일이 어디까지 됐나요?'라는 질문을 할 필요가 없어지고, '동료가 잘하고 있을까?'라는 의구심이 사라진다. 100개 이상의 앱과 통합되는 점도 큰 장점이다. 여러모로 기술적으로 뛰어나다. 버틀러Butler라는 기능은 구성원들의 할 일 목록을 분석해 우선순위를 정해준다. 예를 들어 관리자가 높은 우선순위로 배정한 업무는 팀원에게도 자동으로 '긴급'이라는 라벨을 부여해 표시해주고 마감 알림을 보내준다. 이 기능을 통해 별도 지시 없이도 업무 관리를 할 수 있다.

원페이지 협업툴의 대표주자, 노션Notion

최근 가장 핫한 협업툴 중 하나가 원페이지 기반의 노션Notion이다. 노션은 단순히 노트를 작성하는 기능을 넘어서 동료를 멘션(@)하고 체크리스트를 만들고, 칸반 보드와 캘린더를 추가해 진행을 확인할 수 있다. 노트에 기록한 항목을 지정해 주석 형태의 코멘트를 남길 수도 있어 업무와 관련된 커뮤니케이션을 빠르게 진행할 수 있다. 특히 노션은 다른 협업툴에 비해 커스터마이징이 된다. 그만큼 활용도가 매우 다양하다. 어떻게 구성하느냐에 따라 개인 생산성 툴로도, 회사의 업무용 툴로도 쓸 수 있다. 이런 매력 때문에 노션의 사용자들은 스스로 '노셔너'라고 말하며 자발적으로 활발하게 모인다. 국내에도 노션의 사용법이나 노하우를 공유하는 모임이 많다. 하지만 이렇게 모임이 활발하다는 이야기는 노션의 UI가 유려한 반면 UX 관점에서 사용하기에는 쉬운 툴은 아니라는 의미이기도 하다. 이에 노션은 초기에 회의록, 홍보 계획서, 개발 로드맵, 고객 관리 등 업종과 직무 성격에 맞는 다양한 템플릿을 제공한다.

비즈니스 문해력이 우리의 성과를 방해해서는 안 된다

"코로나19가 과연 끝나긴 할까요?"

책을 준비하는 동안에도 코로나19는 다양한 변이를 거듭하며 지속해서 인류의 삶을 위협했다. 2020년 말 코로나19 알파를 시작으로 베타 델타 감마 오미크론까지. 혹자는 "우리가 아는 고대 그리스 알파벳을 다 사용하고 나면 코로나19가 종식될까?"라는 이야기를 하기도 한다. 그 사이 코로나19를 바라보는 우리의 시각도 시시각각 바뀌었다. 초기 코로나19의 종식을 예상하던 사람들은 이제 위드 코로나를 지나 코로나 엔데믹을 이야기한다. 미래를 예측할 수는 없지만 앞으로도 우리는 한동안 코로나19라는 전염병과 함께 살아가야 할 가능성이 커지고 있다.

이 책을 준비하면서 품었던 문제의식은 바로 "코로나19 이후 달라진 일하는 방식이 새로운 표준이 될까?"와 "일하는 방식의 변화에 맞춰 우리는 어떤 업무 역량을 갖춰야 할 것인가?"였다. 그리고 필자들은 새로운 업무의 표준으로 '하이브리드 워크'를, 새로운 업무 표준에 맞는 역량으로 '비즈니스 문해력'을 제시했다. 필자들은 코로나19로 인한 업무 유연성의 확산이 많은 직장인의 정신에 지울 수 없는 흔적을 남겼고, 그들의 기대치를 바꾸고 업무 수행 방식을 근본적으로 변화시켰다고 확신한다. 그리고 코로나19 엔데믹 전환 이후에도 우리의 생생한 경험의 기간은 되돌릴 수 없다고 생각한다. 그렇다면 이 글을 읽는 독자들은 어떤 준비를 해야 할까? 특히 지금 기업을 이끄는 리더들은 어떻게 이 같은 변화에 대비해야 할까? 리더십 측면에서 고민할 사항들을 공유하며 이 책을 마치고자 한다.

리더십의 솔선수범은 핵심

기업이 직원들에게 업무 장소 및 시간의 자율성을 부여하고, 협업과 커뮤니케이션의 장으로 사무실 역할을 재정의했다면, 이제는 리더는 스스로가 하이브리드 워크에 맞는 새로운 리더십 역량을 갖춰야 한다. 모두가 같은 시각에 한 장소에 모여 일할 때 리더는 자연스럽게 감독의 역할을 맡았다. 이제 리더는 커뮤니케이션과 협업의 촉진자 임무를 수행해야 한다. 특히 리더는 서로가 대면해서 만나는 횟수가 적은 하이브리드 워크에서도 구성원들이 목표를 가지고 헌신적이고도 즐겁게 일하는 문화를 만들어야 한다. 이를 위해 리더가 반드시 실천해야 할 노력은 다음과 같다.

① 권한을 위임하라

구글, 시티그룹, 어도비 등은 일주일에 몇 번 회사에 나와야 하는지 명시해놓고 집과 사무실을 번갈아 가며 일하는 하이브리드 워크를 채택하고 있다. 하이브리드 워크를 도입한 대부분 기업이 이 방식을 택했다. 그러나 이러한 사전 약속 혹은 규제보다 중요한 것이 있다. 기업 구성원 개개인이 각자 필요에 따라 언제 어디서 일할지 스스로 결정하는 자율권과 결정권을 갖게 하는 것이다.

미국 심리학자 리처드 라이언Richard M. Ryan과 에드워드 데시Edward L. Deci의 '자기결정이론Self Determination Theory'에 따르면 사람은 돈 같은 외적 보상보다 자기 성장과 충만한 삶에 대한 타고난 심리적 욕구에 의해 동기를 부여 받는다. 자기결정이론은 인간의 동기가 흥미, 호기심 등으로 완전히 내적 통제됐을 때 가장 높으며, 강제나 강요 등 순전히 외적 통제됐을 때 가장 낮다고 설명한다. 또한 인간이 내재적 동기를 갖기 위해서는 자율성, 유능감有能感, 관계성 욕구가 충족돼야 하며 이는 인간의 보편적이고 선천적이며 심리적인 욕구라고 주장했다.

② 근접편향을 없애고 신뢰의 문화를 만들어라

하이브리드 워크를 하는 조직의 리더는 근접편향에서 벗어나 모든 직원을 공정하게 대해야 한다. 사무실에 나와서 평가자의 눈에 자주 띄는 것이 일의 결과와 상관없이 좋은 평가와 보상을 받는다면 이는 사무실에 출근하지 못하는 직원들을 불안에 떨게 할 가능성이 크다. 앞서 강조했지만 조직문화를 만드는 데 있어 가장 중요한 것은 누가 보상받고 누가 승진하느냐에 있다. 따라서 하이브리드 워크에서 리더는 조직 내 불필요한 오해나 불만이 쌓이지 않도록 지속해서 문제를 조정하고 다양성의 가치를 인정하는 수용적inclusive 조직문화를 구축해야 한다. 예를 들어, 하이브리드 워크 환경에서 회의를 진행할 때는 사무실 출근자 위주로 회의가 진행되게 해서는 안 된다. 팀원 일부가 회사에 나와 있다고 해도 팀 미팅은 무조건 줌으로 함으로써 모든 구성원이 동일하게 모니터에 등장하도록 해야 한다. 또한 회의 중 발언권 역시 같은 공간에 있는 사람들 위주로 진행되는 것을 막아야 한다. 그러기 위해서는 강제적으로라도 돌아가면서 발언하는 문화를 조성하는 것이 좋다. 또한 모든 회의는 녹화를 해 이를 언제든 볼 수 있도록 공유하는 것이 좋다. 회의할 시간에 접속할 수 없는 다수의 원격근무자가 언제든 회의 영상이나 회의록을 열람하면서 회사의 주요 이슈들을 파악할 수 있을 것이다. 또한 중요한 의사 결정을 할 때도 회사에 나오지 않은 사람의 의견이 배제되지 않아야 한다. 설문조사나 인터뷰를 통해 구성원들이 진정으로 원하는 것은 무엇이고, 무엇을 필요로 하는지 경청하고 있음을 보여줄 필요가 있다.

특히 하이브리드 워크에서 중요한 것은 신뢰의 문화를 조성하는 것이다. 우리는 오피스 근무를 통해 처음에는 조심스럽고 회의적이지만 시간이 지나면서 차츰 신뢰를 구축해가는 자연스러운 과정을 거친다. 반면 사무실 출근자나 원격근무자들은 서로에 대한 확실한 믿음에서 출발해야 한다. 물론 신뢰를 흔드는 문제가 발생할 수도 있다. 이럴 경우에는 기대치를 조정해야 한다. 하지만 신뢰는 신뢰를 불러오므로 이 방식이 옳다는 것이 증명될 가능성이 훨씬 더 크다. 이런 게 선순환이다.

일상적으로 같은 공간에서 일하지 않는 그룹에서 가장 효과를 발휘한다고 입증된 2가지 유형의 신뢰가 있다. 바로 인지적 속성신뢰cognitive swift trust와 정서적 신뢰emotional trust다. 인지적 속성신뢰는 다른 팀원의 신뢰성과 능력을 보여주는 충분한 증거를 바탕으로 팀원들이 서로를 의지하고자 하는 자발적 의지다. 사람들이 오랜 시간을 두고 서로를 알아가면서 구축하는 신뢰만큼 완전하지는 않아도 공동의 과업을 효과적으로 완수하기에는 충분하다.

반면 정서적 신뢰는 동료 직원과 관리자가 우리를 돌보고 배려하고 있다는 믿음에 기반을 둔다. 정서적 신뢰가 있을 때 사람들은 유대감과 친밀감을 느낀다. "사람들은 당신이 얼마나 관심이 있는지 알고 나서야 당신이 얼마나 많이 알고 있는지에 관심을 둔다"라는 시어도어 루스벨트의 유명한 말처럼 말이다. 회의, 이메일, 채팅, 온라인 게시물을 통해 전달하는 공감의 말, 행동, 자기 노출은 정서적 신뢰를 키울 수 있다.

하이브리드 워크를 수용하는 조직의 관리자는 팀원들이 서로의 성격과 가치관에 익숙해지도록 돕는 활동을 통해서도 신뢰를 구축할 수 있다. 이런 커뮤니케이션은 모두가 한자리에 있을 때 덜 딱딱한 분위기로 진행될 수 있지만 원격으로 하는 점심, 해피 아워, 커피 수다, 온라인 게임을 통해서도 가능하다.

③ 조직 내 심리적 안전감을 공고히 하라

심리적 안전감은 직장에서 징계받거나 창피당할 걱정 없이 구성원이 자기 의견을 떳떳하게 밝힐 수 있다고 생각하는 신뢰감을 뜻한다. 그동안 심리적 안전감이라 하면 리더들은 직원들이 업무상의 다양한 의견을 솔직히 드러내게 하고 의견 차이를 수렴하는 데 초점을 맞췄다. 지금은 다르다. 앞으로는 일과 삶의 경계가 점점 더 모호해짐에 따라 리더가 직원 배치나 업무 스케줄을 결정할 때 직원의 개인 사정까지 고려해야 한다. 이를테면 하이브리드 워크가 대중화되면 홀로 지내는 부모나 학교 생활에 어려움을 겪는 자녀를 돌보기 위해 그에 맞춰 재택근무의 날짜를 정하려는 직원도 있을 수 있고 남몰래 앓아온 기저 질환으로 인해 100% 원격근무를 택하려는 직원도 있을 수 있다. 또 미혼이거나 자녀가 없는 직원들은 걱정할 일이 별로 없겠다는 말을 주위에서 자주 듣다 보니 일과 삶의 균형에 관한 논의에서 소외되거나 불이익을 받거나 배제됐다고 느끼는 경우도 생길 수 있다. 이 모든 사람의 심리적 안전감을 민감하게 다루는 것도 향후 리더십의 중요한 요소가 될 전망이다.

우선 리더로서 기억해야 할 것은 리더들이 직원의 사생활을 속속들이 간섭하는 것은 피해야 한다는 원칙이다. 대신 직원이 근무 일정이나 재택근무 여부를 정할 때 고려해야 할 개인 사정이 있다면 이를 밝히도록 하고 직원이 팀에 폐를 끼치지 않는 선에서 자신과 가족을 위해서도 옳은 선택을 할 수 있다는 신뢰를 조성해야 한다. 경영진은 직원들이 일과 삶의 균형 문제를 안심하고 제기할 수 있는 영역을 확장할 책임이 있다.

이를 위해 리더는 먼저 누구나 자신의 어려움을 솔직하게 밝힐 수 있는 자리를 마련해야 한다. 그리고 솔선수범하자. 직원들의 솔직한 마음을 듣기 위해서는 리더가 먼저 자신의 어려움이나 실수담 등을 공유해야 한다. 진심을 보여주는 가장 좋은 방법은 재택근무를 전면 혹은 일부 도입하는 것에 대해 리더 자신이 생각하는 애로 사항은 무엇인지 솔직히 드러내는 것이다. 쉽지 않겠지만 리더가 먼저 앞장서야 한다. 필자들은 재택근무 도입이 전례 없었던 상황인 만큼 명확한 계획이 갖춰져 있지 않아 생기는 어려움을 겸허히 받아들이고 솔직히 드러내며 직원들과 열린 대화를 나눠 볼 것을 추천한다. 또한 심리적 안전감이 주는 이점을 구체적으로 알리는 노력도 필요하다. 조직이 점점 투명해지고 있다는 긍정적 변화의 신호를 직원들에게 널리 알려 심리적 안전감의 장점을 홍보하고, 직원의 개인 목표와 조직의 목표를 모두 충족하는 새로운 계획을 설계하도록 유도해야 한다. 마지막으로 심리적 안전감을 정착시키는 것은 지난한 과정임을 인지하고 꾸준히 노력해야 한다. 대개 사람들은 아무리 자신의 의견이 적절하더라도 받아들여질 거란 확신이 없으면 밝히지 않는 게 일반적이다. 혹시 용기를 내 의견을 말하더라도 묵살당하면 본인은 물론 이를 본 주변인들도 다음부터는 입을 다물게 된다. 동료들에게 "당신을 사무실에서 더 자주 봤으면 좋겠어요"라거나 "당신의 도움이 정말 필요해요"와 같이 겉으로는 악의 없어 보여도 상대방에게 죄책감을 유발할 수 있는 말을 하는 사람이 있다면 리더는 이를 경계하고 제지해야한다.

④ 리더가 하이브리드 워크의 모범을 보여라

하이브리드 워크를 전사적으로 도입했다고 하더라도 리더는 출근하고 일반 직원들은 재택을 하면 곤란하다. 하이브리드 워크가 취지에 맞게 운영되기 어렵다. 직원들은 조직의 눈치를 보느라 자율적으로 근무 스케줄을 조정하기 힘들 것이다. 보스가 사무실 출근을 선호하는데, 어떤 구성원이 마음을 놓고 재택근무를 할 수 있을까? 프랑스 인시아드 경영대학원 잔피에로 페트리글리에리 교수는 "재택근무하던 사람들이 사무실로 복귀하는 이유의 절반은 '사회적 즐거움 추구', 나머지 절반은 '사회적 압력' 때문"이라고 했다. 즉, 소속감을 원하기도 하지만 한편으로는 리더가 사무실 복귀를 원할 것으로 여긴다는 것이다.

하이브리드 워크가 제대로 작동하려면 리더가 롤모델이 돼 직원이 해야 할 바람직한 행동을 먼저 취해야 한다. 리더가 먼저 재택과 출근을 병행하며 자율성과 유능감을 극대화하는 방향으로 하이브리드 워크의 이점을 적극적으로 활용하자. 온종일 화상회의에만 참석하지 말고, 구성원들과 화상으로라도 커피 타임을 가지며 기분을 전환하면서 창의적 아이디어와 솔루션에 대해 대화 나누는 데, 시간을 사용하는 것이다. 리더의 솔선수범 하에 직원들 역시 온/오프라인에서 즉흥적으로 마주치는 사람들과 가벼운 이야기를 나누며 에너지를 충전할 것이다.

마찬가지로 회사도 직원들의 참여와 창의성을 끌어내려면 항상 업무 대기 중인 '올웨이즈 온$^{always on}$' 상태가 되지 않도록 해야 한다. 휴식을 취하는 것이 항상 쉽지는 않다. 특히 감시 소프트웨어가 직원을 모니터링하거나 상사가 생산적인 성과물보다는 컴퓨터 화면을 바라보는 시간을 기준으로 직원을 관리하는 경우에는 더욱 그렇다. 점심 시간에 잠깐 휴식을 갖거나, 달리기, 수영, 요가 등 아침 운동을 위해 오전 8시 회의 일정을 변경하자고 제안해도 괜찮다는 점을 분명히 해야 한다. 여기에서도 상사가 롤 모델이 되는 것이 중요하다. 메신저 상태 메시지를 '점심 먹으러 자리 비움' 또는 '매주 목요일에는 오프라인'과 같은 식으로 설정하는 것이 간단한 해결법이다. 사람들은 때때로 긴 주말이나 휴가가 필요하다는 사실을 이해해야 한다. 소프트웨어 서비스 제공사인 베이스캠프^{Basecamp}는 직원들에게 3년마다 30일의 안식일을 제공한다.

⑤ 리더의 소프트 스킬을 키워라

비대면 커뮤니케이션은 더욱 업무 중심적이고 감정적 연결이 배제된 상태에서 진행되기 때문에 감정은 더욱 절제되기 마련이다. 그런데 이상하게도 사람 간 접촉이 줄어든 하이브리드 워크에서 리더의 대인관계 스킬은 더욱 중요해진다. 소소하고 친밀한 대화의 부재, 제한된 커뮤니케이션, 동료 간 유대감 약화, 재택 장기화로 인한 고독감, 밤낮없이 빈번한 화상회의로 인한 스트레스와 소진을 경험하는 구성원들이 많기 때문이다.

인지심리 및 뇌과학 연구에 의하면 인간의 인지는 두뇌 프로세스의 시그널에 의해서만 영향을 받는 게 아니라, 주변 환경에 의해서도 영향을 받는다. 한 공간에 있게 되면 상대의 감정, 에너지, 성격, 무드 등을 파악하기 용이하고, 결과적으로 끈끈한 유대 관계를 맺기도 쉽다. 대면하는 순간에 공감, 감정적 연결, 비언어적 신호 등을 주고받으며 말로 설명할 수 없는 부분들을 채울 수 있기 때문이다. 반면 비대면 커뮤니케이션에서는 유대감이 심각하게 약화될 뿐만 아니라 상대가 내뿜는 비언어적 신호를 감지하기가 매우 어렵다.

그 때문에 리더는 구성원들과 사무실에서 대면하거나 온라인으로 커뮤니케이션할 때 이들이 고립감, 번아웃, 우울 등의 신호를 내보내지는 않는지 민감하게 살펴보고 반응해야 한다. 어려움을 호소하는 구성원에게는 1대 1 미팅이나 멘토링을 제공하자. 회사에 출근했을 때는 의도적으로 다양한 친목 행사나 리추얼을 추진하도록 하자. 이때 중요한 것은 구성원들이 억지가 아니라 재미를 느끼고 자연스럽게 참여하게끔 하는 것이다.

그뿐만 아니라 많은 이들이 코로나19 이전 사무실에서 나누곤 했던 가벼운 농담과 웃음을 그리워한다. 매일 점심시간 전후로 줌으로 만나 마치 사무실에 있는 듯한 분위기를 연출하는 것도 커뮤니케이션에 도움이 된다. 자녀를 키우는 이야기, 최근 읽은 책, 정주행하고 있는 드라마 등에 관해 이야기 나누는 시간을 따로 마련할 수도 있고, 각자 독특한 분장을 한 채 점심을 함께 먹는 줌 이벤트를 마련해볼 수도 있을 것이다. 이때 비언어적 신호가 제대로 전달되기 어렵다는 점을 감안해 다소 과장된 제스처를 보이거나 카메라 클로즈업 등을 사용하며 역동감을 끌어올리는 노력을 할 수도 있다.

줌 회식도 추진해볼 만하다. 재택근무를 하는 중에도 사교 활동에서 빠지지 않도록 줌이나 기타 화상회의 플랫폼에서 원하는 사람들이 점심이나 회식을 할 수 있는 색다른 팀 단합 프로그램을 시도해보라. '하이브리드 런치'는 직접 만나든 온라인으로 만나든 관계없이, 같은 시간에 다 같이 모여 15~30분 동안 환담하며 식사하는 새로운 사교의 장으로 자리 잡았다. 이처럼 세심하게 배려할 수 있으려면 언어적/비언어적 단서를 통해 자신과 구성원의 감정을 정확하게 파악하고, 목표 달성 및 문제 해결을 위해 감정을 효과적으로 활용해야 한다. 그리고 상황에 맞게 자신과 구성원의 감정을 잘 관리할 수 있어야 한다. 즉, 감성 지능Emotional Intelligence이 그 어느 때보다 필요하다.

하이브리드 워크 시대,
당신에게 꼭 필요한 글쓰기 비법

비즈니스 문해력을 키워드립니다

초판 1쇄 발행 2022년 11월 17일

지은이 장재웅·장효상
펴낸이 성의현
펴낸곳 (주)미래의창

편집주간 김성옥
편집진행 김다울
홍보 및 마케팅 연상희·이보경·정해준·김제인

출판 신고 2019년 10월 28일 제2019-000291호
주소 서울시 마포구 잔다리로 62-1 미래의창빌딩(서교동 376-15, 5층)
전화 070-8693-1719 **팩스** 0507-1301-1585
홈페이지 www.miraebook.co.kr
ISBN 979-11-92519-21-0 03190

※ 책값은 뒤표지에 있습니다.